최신 기출문제 완벽 분석!

新
# HSK 한 권이면 한 끝

초급
회화

경은 지음

동양북스

최신 기출문제 완벽 분석!

新 HSK 한 권이면 끝 초급 회화

초판 2쇄 | 2016년 6월 5일

지은이 | 경은
발행인 | 김태웅
총   괄 | 권혁주
편집장 | 이경숙
편   집 | 연윤영
디자인 | 차경숙
마케팅 총괄 | 나재승
마케팅 | 서재욱, 김귀찬, 왕성석, 조경현
온라인 마케팅 | 김철영, 양윤모, 탁수지
제   작 | 현대순
총   무 | 한경숙, 안서현, 최여진, 강아담
관   리 | 김훈희, 이국희, 김승훈, 최국호

발행처 | 동양북스
등   록 | 제 10-806호(1993년 4월 3일)
주   소 | 서울시 마포구 동교로 22길 12 (04030)
전   화 | (02)337-1737
팩   스 | (02)334-6624

http://www.dongyangbooks.com
http://www.dongyangtv.com

ISBN 978-89-8300-947-0 14720
ISBN 978-89-8300-946-3 (세트)

# 머리말

중국어가 선택이 아닌 필수가 되어버린 지 오래지만, 학생들은 여전히 중국어 말하기에 부담을 느끼고 있고, HSK를 준비하는 학생들은 물론이고 말하기 능력을 키우려고 일부러 회화 수업을 수강하는 학생들마저도 선생님의 재촉 없이는 스스로 입을 열려고 하지 않기가 일쑤입니다. 그러면서 상대적으로 쉽게 느껴지는 문법이나 독해 학습에 편향함으로써 결과적으로 중국어를 오래 공부했더라도 기본적인 발음과 기초적인 구문들조차 정확하게 표현해내지 못하는 학생들이 비일비재합니다. 교육현장에서 그런 모습들을 접할 때마다 어떻게 하면 학습자들의 말하기 실력을 향상시킬 수 있을지를 줄곧 고민해왔습니다.

그러던 중 新HSK가 시행되면서 필기시험과 별도로 초 · 중 · 고급 회화시험이 신설되었습니다. 이는 문법 위주의 객관식 시험에서 벗어나 학습자의 중국어 능력을 종합적으로 발전시킬 수 있는 매우 긍정적인 변화가 아닐 수 없습니다. 이제 눈으로만 보고 객관식 답안을 선택하는 시대는 지났고, 중국어도 말하기 능력을 증명해야만 인정받는 추세이므로 지금부터 철저히 준비해야 합니다.

## 하고 싶은 말이 있어도 표현하지 못 하는 답답함을 속 시원히 풀어주는 교재!

이 책은 이러한 고민을 바탕으로 제가 지난 10년간 중국어를 가르치며 학생들에게서 공통적으로 발견한 중국어 말하기에 있어서의 문제점을 해결하고, 궁극적으로는 학습자들의 말하기 능력을 향상시켜 더 이상 벙어리 냉가슴으로 살지 않게 하자는 취지에서 집필하였습니다. 따라서 이 책은 新HSK 초급 회화를 준비하는 분들을 합격의 길로 인도할 뿐만 아니라, 중국어 말하기에 어려움을 느끼는 모든 초급 학습자들을 중급 실력자로 변화시켜드리는 최고의 트레이너가 될 것입니다.

## 기초 훈련부터 新HSK 회화시험의 합격 및 고득점까지 완벽하게 대비하는 교재!

학습자는 이 책을 통하여 말하기의 기초이면서도 틀리기 쉬운 발음들을 교정할 수 있을 뿐만 아니라, 자연스러운 표현을 위해 꼭 필요한 끊어 읽기, 강세, 어기의 변화 등을 다양한 예문과 자세한 설명을 통해 익힐 수 있습니다. 또한 그간 출제되었던 新HSK 기출문제들을 바탕으로 新HSK 회화시험의 출제 경향을 분석하여 예상문제들을 엄선 · 수록하였으므로, 이 책의 안내에 따라 충실히 공부한다면 新HSK 초급 회화시험의 고득점까지 완벽하게 대비할 수 있습니다.

이 책은 자료수집부터 탈고까지 모든 과정에서 경은 新HSK팀 우자영 연구실장님, 吳望德 선생님, 김덕진 팀장님, 그리고 고려중국센터 문양금 부원장님의 조언과 도움을 받아 집필되었습니다. 이 책이 新HSK 회화시험을 준비하고 중국어 말하기 능력 향상을 도모하는 모든 학습자들께 도움이 되기를 희망합니다.

新HSK 전문강사 경은

# 목차

**발음편**

**제1부분
듣고 따라 말하기**

# 이 책의
활용법

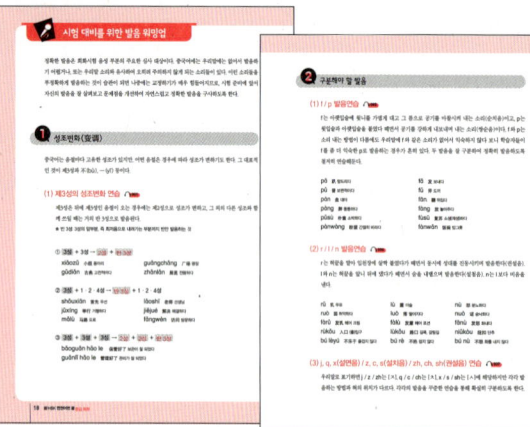

중국어에서 우리말에 없거나, 또는 우리말 소리와 유사하여 오히려 잘못 발음하기 쉬운 발음들을 점검 및 교정하고, 중국어 발음규칙을 숙련하여 문장을 말할 때 자연스러운 연음과 억양 표현이 가능하게 도와줍니다.

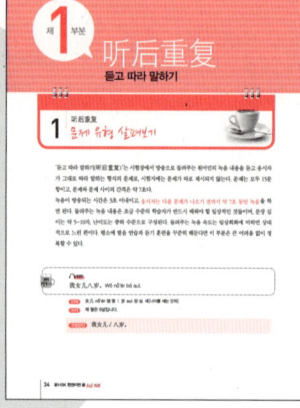

新HSK 회화시험의 각 부분별 문제 유형을 소개합니다. 문제 형태와 난이도, 시험 시간, 준비 방법, 주의사항 등을 개괄적으로 설명하고, 문제 엿보기를 통해 실제 시험에서 출제되는 문제 형식을 보여줍니다.

각 부분별로 문제를 어떤 방식으로 파악하고 풀어내야 하는지 문제 공략법을 상세히 설명합니다. 예문을 통해 좀 더 쉽게 이해할 수 있으며 실제 시험에서도 유용한 공략법을 제시합니다.

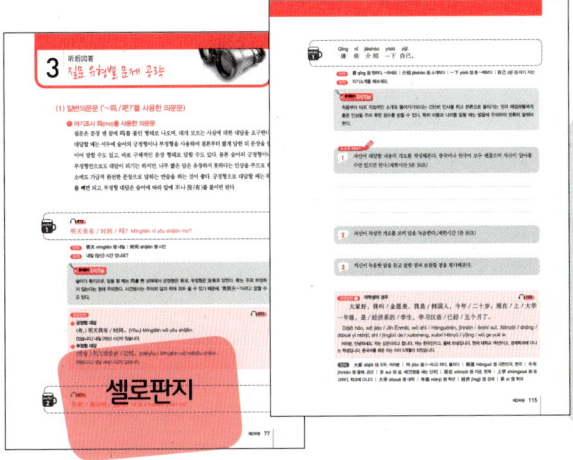

각 부분에서 출제 가능성이 높은 문제를 문형·질문 유형·주제별로 분류하고, 예제를 풀어봅니다.

**제1·2부분:** 듣고 푸는 문제입니다. 스크립트 가리기용 셀로판지를 활용하여 문제를 가리고 풀어본 다음, 문제풀이 공략Tip의 해설과 모범답안을 통해 답안을 확인해보세요.

**제3부분:** 읽고 푸는 문제입니다. 시계와 녹음기를 준비하여 교재에 제시된 안내에 따라 스스로 시간을 관리하며 풀어보세요.

각 부분 마지막에는 실전테스트 문제를 스스로 풀어볼 수 있도록 하였습니다. 공부한 내용을 정리해본다는 느낌으로 풀어보세요. 실력도 늘고, 실전에도 강해질 수 있습니다. 실전테스트 해설과 모범답안은 바로 다음 페이지에서 확인할 수 있습니다.

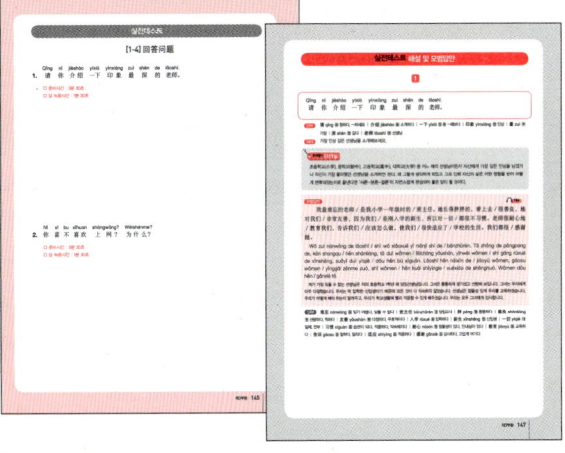

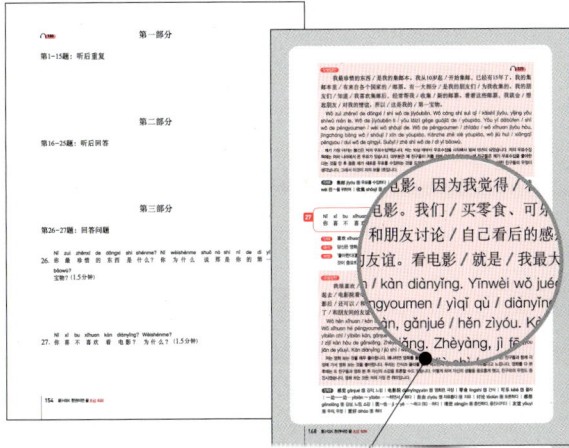

실전에 강해질 수 있는 모의고사 2회분 및 상세한 해설을 수록하였습니다. 실제 시험과 똑같은 시간 구성으로 녹음된 CD를 들으며 모의고사를 풀다 보면, 실제 시험에서 스스로 시간 배분을 할 수 있는 실전감각이 길러집니다. 실제 시험이라고 생각하고 녹음기를 준비해보세요. 그리고 mp3로 제공되는 모범답안이 자신의 생각과는 다르더라도 반복해서 듣고 꼼꼼히 분석해본다면 고득점도 문제 없습니다.

이 책에 수록된 모든 답안에는 끊어 읽기 가이드가 표시되어 있어, 낭독 트레이닝을 통해 문장 구사력을 높일 수 있습니다.

## 시험개요

- 新HSK 회화는 '듣고 말하기의 결합', '읽고 말하기의 결합' 원칙에 따라 응시자의 중국어 회화 표현능력을 평가하는 시험이다.
- 新HSK 필기시험과 상호 독립적이다.
- '新HSK 초급 회화', '新HSK 중급 회화', '新HSK 고급 회화'의 3등급으로 나뉜다.

## 시험등급 및 수준

각 등급별 어휘량은 〈국제중국어능력기준〉과 〈유럽언어공통참조규격(CEF)〉에 대응하는 수준으로, 보다 실질적인 최신 어휘 사용에 중점을 두고 있다.

| 新HSK 회화 | 어휘량 | 국제중국어능력 기준 | 유럽언어공통 참조규격(CEF) | 新HSK 필기시험 |
|---|---|---|---|---|
| 新HSK 고급 회화 | 약 3,000개 | 五级 | C2 | 6급 |
| | | | C1 | 5급 |
| 新HSK 중급 회화 | 약 900개 | 四级 | B2 | 4급 |
| | | 三级 | B1 | 3급 |
| 新HSK 초급 회화 | 약 200개 | 二级 | A2 | 2급 |
| | | 一级 | A1 | 1급 |

## 시험용도

- 중국 정부장학생 선발 기준
- 한국 · 중국 대학(원) 입학 · 졸업 시 평가 기준
- 한국 특목고 입학 시 평가 기준
- 교양중국어 학력평가 기준
- 각급 업체 및 기관의 채용 · 승진을 위한 기준

## 응시방법

- **인터넷 접수:** HSK한국사무국 홈페이지(www.hsk.or.kr)에서 접수
- **우편접수:** 구비서류(응시원서+반명함판 사진 2장+응시비 입금영수증)를 동봉하여
  HSK한국사무국으로 등기 발송
- **방문접수:** HSK한국사무국 또는 서울공자아카데미(HSK한국사무국 2층)에서 접수
  [접수시간] 평일: 오전 10시~12시, 오후 1시~5시 / 토요일: 오전 10시~12시
  [준 비 물] 응시원서, 사진 3장(3×4cm 반명함판 컬러 사진, 최근 6개월 이내 촬영)

## 시험 당일 준비물

- **녹음기:** 일반규격 공 테이프(10×6.3cm) 녹음이 가능한 녹음기
- **수험표:** HSK한국사무국 홈페이지에서 출력(방문접수자는 접수현장에서 발급)
- **필기도구:** 2B 연필, 지우개
- **유효한 신분증:**
  [18세 이상] 주민등록증, 운전면허증, 기간만료 전의 여권, 주민등록증 발급신청 확인서
  [18세 미만] 기간만료 전의 여권, 청소년증, HSK 신분확인서

## 성적 결과

- 100점이 만점으로, 총점 60점 이상이면 합격이다.
- 성적은 시험일로부터 1개월 후 중국고시센터 홈페이지(www.hanban.org)에서
  개별 조회가 가능하며, 성적표는 성적조회 가능일로부터 2주 후에 발송된다.
- 新HSK 회화 성적은 시험일로부터 2년간 유효하다.

## 응시 대상 및 수준

- 新HSK 초급 회화시험은 매주 2~3시간씩 1~2학기 동안 중국어를 학습하고, 약 200개의 상용어휘를 마스터한 학습자를 대상으로 한다.
- 新HSK 초급 회화시험의 수준은 〈국제중국어능력기준〉 1~2급과 〈유럽언어공통참조규격(CEF)〉 A급에 해당한다.
- 新HSK 초급 회화에 합격한 응시자는 중국어로 비교적 익숙한 일상생활 화제에 대해 알아듣고 표현할 수 있으며, 기본적인 의사 소통을 할 수 있다.

## 시험 구성

新HSK 초급 회화시험은 '듣고 따라 말하기', '듣고 대답하기', '질문에 대답하기' 세 부분으로 나뉜다.

| 구분 | | 문항 수 | 시험시간 |
|---|---|---|---|
| 시험 진행에 앞서 응시자 정보(이름, 국적, 수험번호 등)에 대한 질의응답이 이루어짐 | | | |
| 제1부분 | 듣고 따라 말하기 | 15문항 | 6분 |
| 제2부분 | 듣고 대답하기 | 10문항 | 4분 |
| 준비시간 | | - | 7분 |
| 제3부분 | 질문에 대답하기 | 2문항 | 3분 |
| 전체 문항 수 / 시험시간 | | 27문항 | 20분 |

## 시험 시 유의사항

- 고시장 입실 완료 시간(수험표 참고)까지 해당 고시장에 입실해야 한다.
- 시험 중간에 휴식시간은 없으며, 시험 중 퇴실할 수 없다. 만일 특별한 사유로 중도 퇴실을 원할 경우, 반드시 감독관의 동의를 얻어야 한다.
- 회화시험은 답안내용을 녹음테이프에 녹음하여 제출하는 시험형식이다.
- 녹음기 미 지참, 고장, 사용 미숙, 건전지 부족 등의 사유로 녹음이 불가능한 경우, 별도의 녹음시간은 주어지지 않는다.
- 시험 중 필요한 관련 요점내용을 시험지에 적을 수 있다. 단, 다른 곳에 기록하거나 녹음을 하는 경우 부정행위로 간주한다.
- 모든 답안의 녹음은 주어진 시간 내에 마쳐야 한다.
- 녹음 시 목소리는 자신감 있고 명확해야 한다.
- 녹음 시, 고속녹음 또는 저속녹음이 되지 않도록, 시험 전 녹음기 사용방법 등을 반드시 숙지한다.

## 답안지 응시자 정보 작성 요령(녹음 테이프 겉면)

수험표 상의 정보에 근거하여 녹음테이프 겉면에 자신의 응시 정보를 적는다.

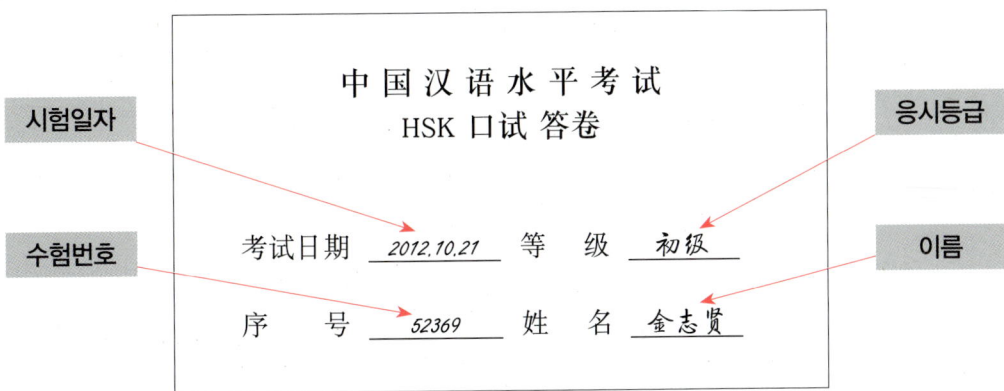

# 고득점을 얻기 위해 반드시 지켜야 할 네 가지 원칙!

### 첫째, "정확한 발음으로 또박또박, 크게 말하자."

회화시험에서 정확한 발음은 면접시험에서 단정한 외관처럼 매우 중요한 평가 요소다. 따라서 평소에 좋은 발음을 구사할 수 있도록 꾸준히 연습해두고, 시험장에서 녹음할 때는 무조건 빨리 말하기보다는 끊어 읽기, 강세, 어기에 주의하여 채점자가 잘 알아들을 수 있도록 발음하자. 특히 한 시험장에서 30명 가량의 응시자가 개별 부스나 방음장치 없이 각자의 녹음기에 동시에 녹음을 진행해야 하는 상황에서는 크게 말하지 않으면 다른 사람들의 소리에 묻혀 자신의 답안이 잘 들리지 않을 수 있다. 따라서 녹음 전용 마이크를 사용하거나 평소 자신이 말하는 목소리보다 큰 소리로 또박또박 녹음해야 한다.

### 둘째, "당황하지 말고 침착하고 당당하게 답하자."

시험에서는 자신이 전혀 예상하지 못한 문제들이 출제될 수도 있다. 그때마다 당황하거나 포기하지 말고, 자신이 아는 한도 내에서 최선을 다해 답해야 한다. 문제의 일부분이 아니라 설사 절반밖에 못 알아들었다고 해도, '절반이나 알아들었다'라는 긍정적인 마음가짐으로 차근차근 당당하게 답하자. 대부분의 채점자들은 답안의 내용뿐만 아니라 말투에서 전해오는 학습자의 자신감에 호감을 보이고 좋은 점수를 준다.

### 셋째, "문제를 정확히 파악하고 완전한 문장으로 답하자."

대답할 때는 문제를 정확히 파악하고, 완전한 문장으로 답해야 한다. 문제를 잘못 파악하고 엉뚱한 답을 하거나 단답형으로 답할 경우 좋은 점수를 기대할 수 없다. 예를 들어 만약 '당신의 신발은 무슨 색깔입니까?'라는 질문에 '구두'라고 엉뚱하게 답하거나 '검정색'이라고만 답한다면 양쪽 모두 긍정적인 평가를 받기 어렵다. 반드시 정확한 답안을, 주어, 술어, 목적어를 갖춘 완전한 문장으로 만들어 답하자.

### 넷째, "고차원적인 내용에 욕심내지 말고, 쉬운 문장으로 유창하게 답하자."

특히 제3부분 같은 서술형 문제에서는 초급 학습자들이 어려운 미사여구를 사용하여 고차원적인 내용을 구성하려다가 정확성과 유창성이 떨어져서 오히려 좋지 않은 평가를 받는 경우가 흔히 있다. 초급 학습자들은 본인의 중국어 누적 학습시간이 절대적으로 부족하다는 사실을 먼저 인정할 필요가 있다. 다소 유치하게 느껴지더라도, 쉽고 간단하지만 확실하게 검증된 학습 내용을 최대한 활용하여 확장·변형시키는 방식으로 답안을 준비하자. 어려운 표현을 잘못 사용하는 것보다 쉬운 문장이라도 정확하고 유창하게 구사하는 것이 합격과 고득점의 비법임을 잊지 말아야 한다!

(음악 – 약 30초간)

你好！你叫什么名字? 안녕하세요? 당신의 이름은 무엇입니까?  (10초간 대답)

你是哪国人? 당신은 어느 나라 사람입니까?  (5초간 대답)

你的序号是多少? 당신의 수험번호는 몇 번입니까?  (10초간 대답)

➡ 감독관이 시험 시작을 알리고 방송이 시작되면, 응시자는 이 3개의 질문을 듣게 된다. 응시자는 자신의 이름, 국적, 수험번호를 사실에 맞게 중국어로 대답하면 되며, 들은 내용은 따라 말하면 안 된다.

### 제1부분

好，现在开始第1到15题。请听后重复。

그럼 지금부터 1~15번 문제를 시작하겠습니다. 듣고 따라 말하세요.

➡ 제1부분은 총 15문항이다. 1~15번까지 문제마다 하나의 문장을 들려주며, 응시자가 들은 문장을 따라 말하는 시간은 문제당 7초씩 주어진다.

[문제 유형]

1.  我女儿十岁了。

제1부분은 문장을 듣고 따라 말하는 형태로, 모두 15문제이다. 녹음을 통해 5~10자 가량의 문장을 듣게 되는데, 문장이 끝나면 곧바로 따라 말해야 한다. 들은 내용을 기억했다가 말해야 하는 만큼 녹음을 들으면서 들은 내용을 본인이 알아볼 수 있게 간단히 메모해두는 것이 좋다. 전체를 다 받아쓰기에는 시간적 한계가 있으므로 단어의 첫소리만 메모해도 좋다. 녹음이 끝나면 약 7초간 다시 말하면 되는데, 이 시간을 초과해서는 안 된다. 잘못 말한 경우에는 남은 시간 동안 다시 말하고, 녹음기의 되감기 버튼은 건드리지 않는 것이 좋다.

好，现在开始第16到25题。请听后回答。

이제 16~25번 문제를 시작하겠습니다. 듣고 대답하세요.

➡ 제2부분은 총 10문항이다. 15~16번까지 문제마다 하나의 질문을 들려주며, 응시자가 들은 질문에 대답하는 시간은 문제당 10초씩 주어진다.

**[문제 유형]**

16.  你是学生吗?

제2부분은 문제를 듣고 대답하는 형태로, 총 10문제이다. 제1부분이 끝나면 곧바로 이어서 실시된다. 문제는 약 3~4초간 방송되고 대답할 시간은 약 10초씩 주어지므로, 답안을 잘못 녹음했다면 당황하지 말고 서둘러 다시 한 번 녹음하고, 제1부분에서와 마찬가지로 녹음기의 되감기 버튼을 건드리지 않는 것이 바람직하다. 문제를 들으면서 간단히 메모해둔다면 문제를 정확히 파악하고 대답하는 데 도움이 된다. 대답할 때는 질문에 나온 吗, 呢 등의 의문조사를 빼고, 你는 我로 바꾸어 말하며, 특히 什么, 哪, 怎么样 등의 의문사를 유의하여 듣고, 의문사 자리에 대체할 만한 적절한 단어를 떠올려 답한다. 답은 '是/不是', 혹은 '喜欢/不喜欢'처럼 단답형의 답보다는 '주어+술어+목적어'로 구성된 완전한 문장으로 답하는 것이 좋다.

好，现在开始准备第26到27题，可以在试卷上写提纲。准备时间为7分钟。

이제 26~27번 문제를 준비하세요. 시험지에 개요를 메모해도 좋습니다. 준비시간은 7분입니다.

➡ 제2부분이 끝나면, 제3부분의 답안 준비를 위해 준비시간 7분이 주어진다. 응시자는 7분 동안 26~27번 2문제에 대한 답을 준비한다. 준비시간 동안에는 답을 녹음할 수 없으며, 준비시간이 1분 남았을 때 알림음이 울린다.

好，现在开始第26题。이제 26번 문제를 시작하세요.

- - - - - - - - - - - - - - - - - - - - - - - - - - - - - - - - - - - - - - - - - - -

好，现在开始第27题。이제 27번 문제를 시작하세요.

➡ 제3부분은 총 2문항이다. 시험지에 제시된 2개의 문제를 보고, 각각 1분 30초 동안 녹음한다. 시간 종료 10초 전에 알림음이 울리며, 10초 후에는 바로 다음 문제에 대한 지시사항을 들려준다.

**[문제 유형]**

    Qǐng  jièshào  nǐ  de  yí  ge  hǎo  péngyou

26. 请 介绍 你 的 一 个 好 朋友。　　（1.5分钟）

제3부분은 문제를 보고 대답하는 형태로, 총 2문제다. 제2부분이 끝난 뒤에 주어지는 7분의 준비 시간을 활용하여, 문제당 3.5분씩 2문제의 답안을 준비하면 된다. 문제는 대부분 '설명형(소개하기)'으로 출제되고, 간혹 '논설형(의견 말하기)' 문제가 출제되기도 한다. 답안을 준비할 때는 자신이 발음과 용법을 확실하게 알고 있는 단어와 표현을 사용하는 것이 좋다. 잘 알지 못하는 어려운 단어를 사용하려다가 부정확하고 부자연스럽게 답하는 것보다 쉬운 단어와 구문일지라도 정확하고 유창하게 표현하는 것이 좋은 점수를 받을 수 있다. 인물이나 경험담, 특징 등을 소개하는 '설명형' 문제에서는 두서없이 많은 말을 나열하기보다는 인상적인 부분을 집중적으로 소개하는 것이 좋고, 의견이나 생각을 밝혀야 하는 '논설형' 문제에서는 자신의 생각을 뒷받침할만한 객관적인 근거를 2~3가지 정도 나열하는 것이 좋다.

好，考试现在结束，谢谢你！

이제 시험이 끝났습니다. 감사합니다!

➡ 방송에서 시험이 종료되었음을 알린다.

国家汉办/孔子学院总部
**Hanban/Confucius Institute Headquarters**

新 汉 语 水 平 考 试
Chinese Proficiency Test

# HSK 口试（初级）成绩报告
## HSK Speaking (Preliminary) Examination Score Report

姓名：_____
Name

性别：_____ 国籍：_____
Gender            Nationality

考试时间：_____ 年 _____ 月 _____ 日
Examination Date            Year        Month        Day

编号：_____
No.

| 满分（Full Score） | 合格分（Passing Score） | 你的分数（Your Score） |
|:---:|:---:|:---:|
| 100 | 60 | |

主 任　　_____　国家汉办
Director　　　　　　　　　　Hanban
　　　　　　　　　　　　　　HANBAN

中国 · 北京
Beijing · China

최신 기출문제 완벽 분석!

新 HSK 한 권이면 한끝

초급 회화

발음편

1. 성조변화

2. 구분해야 할 발음

3. 기타 주의해야 할 발음

# 시험 대비를 위한 발음 워밍업

정확한 발음은 회화시험 음성 부분의 주요한 심사 대상이다. 중국어에는 우리말에는 없어서 발음하기 어렵거나, 또는 우리말 소리와 유사하여 오히려 주의하지 않게 되는 소리들이 있다. 이런 소리들을 부정확하게 발음하는 것이 습관이 되면 나중에는 교정하기가 매우 힘들어지므로, 시험 준비에 앞서 자신의 발음을 잘 살펴보고 문제점을 개선하여 자연스럽고 정확한 발음을 구사하도록 한다.

## 1 성조변화(变调)

중국어는 음절마다 고유한 성조가 있지만, 어떤 음절은 경우에 따라 성조가 변하기도 한다. 그 대표적인 것이 제3성과 不(bù), 一(yī) 등이다.

### (1) 제3성의 성조변화 연습 🎧 001

제3성은 뒤에 제3성인 음절이 오는 경우에는 제2성으로 성조가 변하고, 그 외의 다른 성조와 함께 쓰일 때는 거의 반 3성으로 발음된다.

✱ 반 3성: 3성의 앞부분, 즉 최저음으로 내려가는 부분까지 반만 발음하는 것

① 3성 + 3성 → 2성 + 반 3성

xiǎozǔ 小组 동아리　　　　guǎngchǎng 广场 광장
gǔdiǎn 古典 고전적이다　　　zhǎnlǎn 展览 전람하다

② 3성 + 1·2·4성 → 반 3성 + 1·2·4성

shǒuxiān 首先 우선　　　　lǎoshī 老师 선생님
jǔxíng 举行 거행하다　　　jiějué 解决 해결하다
mǎlù 马路 도로　　　　　fǎngwèn 访问 방문하다

③ 3성 + 3성 + 3성 → 2성 + 2성 + 반 3성

bǎoguǎn hǎo le 保管好了 보관이 잘 되었다
guǎnlǐ hǎo le 管理好了 관리가 잘 되었다

★ 3성이 연이어 나오더라도 의미상 끊어 읽기를 해야 할 때는 '반 3성 / 2성+반 3성' 또는 '2성+반 3성 / 반 3성'으로 읽기도 한다.

**반 3성 / 2성 + 반 3성**

hěn / jiǎnduǎn   很 / 简短 아주 간결하다
yǒu / běnlǐng   有 / 本领 솜씨가 있다
Wǒ / hěn hǎo.   我 / 很好。나는 잘 지내.

**2성 + 반 3성 / 2성 + 반 3성**

Wǒ yě / hěn hǎo.   我也 / 很好。나도 잘 지내.

**2성 + 반 3성 / 2성 + 반 3성 / 반 3성 + 2성**

hěn jiǔ / hěn jiǔ / yǐqián
很久 / 很久 / 以前 아주 아주 오래 전에(아주 먼 옛날)

**1성 + 2성 + 반 3성 / 반 3성 + 1성 / 반 3성 + 경성**

Tā yěxǔ / yǐjīng / zǒu le.
他也许 / 已经 / 走了。그는 어쩌면 이미 갔을 것이다.

**반 3성 / 2성 + 2성 + 반 3성 / 2성 + 2성 + 반 3성**

yǒu / hǎo jǐ zhǒng / yíngyǎngpǐn
有 / 好几种 / 营养品 여러 가지 영양식품이 있다

## (2) 不(bù)의 성조변화 연습 🎧002

不의 원래 성조는 제4성이지만, 뒤에 제4성인 음절이 오면 제2성으로 바뀌며, 단어나 문장 속에서 때에 따라 경성으로 발음하기도 한다.

① 뒤에 제4성이 오면 不는 제2성으로 바뀐다.

**不 + 4성 → 2성 + 4성**

bú xìn   不信 믿지 않다          bú suàn   不算 문제로 삼지 않다
bú tài   不太 별로          bùsān búsì   不三不四 이도 저도 아니다

② 단어의 중첩형 사이에 올 때 不는 경성으로 읽는다.

**A + 不 + A → A + 경성 + A**

hǎo bu hǎo   好不好 좋은가(좋은지 아닌지)          máng bu máng   忙不忙 바쁜가(바쁜지 아닌지)

③ 가능보어에서 不는 경성으로 읽는다.

동사 + 不 + 보어 → 동사 + 경성 + 보어

chībuliǎo　吃不了 다 먹지 못한다

huíbulái　回不来 돌아올 수 없다

## (3) 一(yī)의 성조변화 연습 🎧003

一는 단독으로 쓰이거나 문장 끝, 혹은 서수 등을 표시할 때는 원래의 성조인 제1성으로 발음하지만, 뒤에 제4성인 음절이 오면 제2성으로 변하고, 그 외의 다른 성조가 올 경우에는 제4성으로 발음한다.

① 1성으로 발음하는 경우

- 단독으로 쓰일 때

    yī　一 하나, 1

- 서수로 쓰일 때

    dì yī kè　第一课 제1과　　　　yī céng　一层 1층

- 단어나 문장의 끝에 나올 때

    sìshíyī　四十一 마흔 하나, 41　　　wànyī　万一 만일

    Tā shì Zhōngguó zhùmíng zuòjiā zhīyī.
    他是中国著名作家之一。그는 중국의 저명한 작가 중 하나다.

② 2성으로 바뀌는 경우

    一 + 4성 → 2성 + 4성

    yíqiè　一切 전부　　　　　　yídìng　一定 반드시
    yíyàng　一样 동일하다　　　　yí piàn　一片 한 조각

③ 4성으로 바뀌는 경우

    一 + 1·2·3성 → 4성 + 1·2·3성

    yìbān　一般 일반적이다　　　　yì tiān　一天 하루
    yì qún　一群 한 무리　　　　　yì yán　一言 한 마디
    yìqǐ　一起 함께　　　　　　　yì duǒ huā　一朵花 한 송이의 꽃
    yìxīn yíyì　一心一意 한마음 한뜻으로　　yì qiān líng yī　一千零一 일천일, 1001

★ **주의: 一个(yí ge) 한 개**

个(gè)는 본래 제4성인데 양사로 쓰일 때는 경성으로 읽는다. 단, 숫자 一는 个와 함께 쓰일 때 양사 본래의 성조의 영향으로 [yí ge]로 발음한다.

## (4) 경성의 음높이 연습 🎧004

경성은 성조 없이 가볍고 짧게 내는 소리로, 그 음높이는 앞 글자의 성조에 영향을 받는다. 일반적으로 제1·2성 뒤에 나오는 경성은 음이 낮고, 제3성(반 3성) 뒤에 나오는 경성은 비교적 높으며, 제4성 뒤에 나오는 경성의 음이 가장 낮다.

### ① 1성(5-5) + 경성(2)

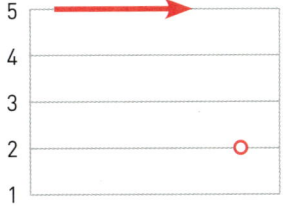

mǎma　妈妈 엄마
gēge　哥哥 오빠, 형
yīfu　衣服 옷

### ② 2성(3-5) + 경성(3)

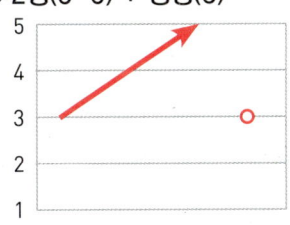

érzi　儿子 아들
péngyou　朋友 친구
tóufa　头发 머리카락

### ③ 3성(2-1) + 경성(4)

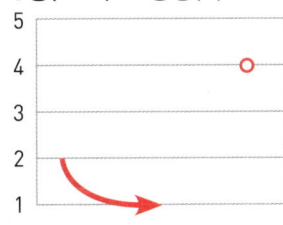

wǒmen　我们 우리
nǐmen　你们 너희
nǎinai　奶奶 할머니

### ④ 4성(5-1) + 경성(1)

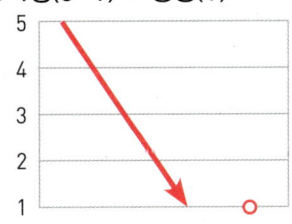

bàba　爸爸 아빠
dìdi　弟弟 남동생
dìfang　地方 지방, 곳

## ★ 경성의 예

다음과 같은 경우, 해당 글자의 음절은 경성으로 발음한다.

① 조사

- 구조조사 的(de), 地(de), 得(de)

  예 我的 wǒ de 나의　　　满满地 mǎnmǎn de 가득히　　　打得 dǎ de ～하게 치다

- 동태조사 着(zhe), 过(guo), 了(le)

  예 站着 zhànzhe 서 있다　　　看过 kànguo 본 적 있다　　　走了 zǒule 갔다

- 어기조사 吧(ba), 吗(ma), 啊(a), 呀(ya), 呢(ne)

  예 走吧 zǒu ba 가자　　　你好吗 nǐ hǎo ma 잘 지내니

  好啊 hǎo a 좋아　　　你呀 nǐ ya 너는　　　他呢 tā ne 그는

② 형태소 子(zi), 头(tou)와 복수형을 만드는 접미사 们(men)

예 房子 fángzi 집　　　木头 mùtou 나무, 목재　　　同学们 tóngxuémen 동창들

③ 양사 个(ge)

예 这个 zhè ge 이것　　　那个 nà ge 저것　　　两个 liǎng ge 두 개

④ 같은 글자가 중첩된 단어나 중첩된 단음절 동사의 두 번째 음절

예 妹妹 mèimei 여동생　　　姐姐 jiějie 누나, 언니

走走 zǒuzou 좀 걷다　　　聊聊天 liáoliaotiān 이야기를 좀 나누다

听听音乐 tīngting yīnyuè 음악을 좀 듣다

⑤ 방위사로 쓰이는 형태소나 단어

예 椅子下 yǐzi xia 의자 아래　　　桌子上 zhuōzi shang 탁자 위

屋子里 wūzi li 집 안　　　里面 lǐmian 안쪽

右边 yòubian 오른쪽

## (1) f / p 발음연습 🎧 005

f는 아랫입술에 윗니를 가볍게 대고 그 틈으로 공기를 마찰시켜 내는 소리(순치음)이고, p는 윗입술과 아랫입술을 붙였다 떼면서 공기를 강하게 내보내며 내는 소리(쌍순음)이다. f와 p는 소리 내는 방법이 다름에도 우리말에 f와 같은 소리가 없어서 익숙하지 않다 보니 학습자들이 f를 좀 더 익숙한 p로 발음하는 경우가 흔히 있다. 두 발음을 잘 구분하여 정확히 발음하도록 철저히 연습해둔다.

| | | | |
|---|---|---|---|
| pā | 趴 엎드리다 | fā | 发 보내다 |
| pǔ | 普 보편적이다 | fǔ | 斧 도끼 |
| pán | 盘 대야 | fān | 翻 뒤집다 |
| pàng | 胖 뚱뚱하다 | fàng | 放 놓아주다 |
| pǔsù | 朴素 소박하다 | fùsū | 复苏 소생(재생)하다 |
| pànwàng | 盼望 간절히 바라다 | fànwǎn | 饭碗 밥그릇 |

## (2) r / l / n 발음연습 🎧 006

r는 혀끝을 말아 입천장에 살짝 붙였다가 떼면서 동시에 성대를 진동시키며 발음한다(권설음). l와 n는 혀끝을 앞니 뒤에 댔다가 떼면서 숨을 내뱉으며 발음한다(설첨음). n는 l보다 비음을 낸다.

| | | | | | |
|---|---|---|---|---|---|
| rǔ | 乳 우유 | lù | 露 이슬 | nù | 怒 분노하다 |
| ruò | 弱 허약하다 | luò | 落 떨어지다 | nuò | 诺 승낙하다 |
| fàrǔ | 发乳 헤어 크림 | fàlù | 发露 헤어 로션 | fānù | 发怒 화내다 |
| rùkǒu | 入口 (출)입구 | lùkǒu | 路口 길목, 갈림길 | niǔkòu | 纽扣 단추 |
| bú lèyú | 不乐于 즐겁지 않다 | bú rè | 不热 덥지 않다 | bú nù | 不怒 화를 내지 않다 |

## (3) j, q, x(설면음) / z, c, s(설치음) / zh, ch, sh(권설음) 연습 🎧 007

우리말로 표기하면 j / z / zh는 [ㅈ], q / c / ch는 [ㅊ], x / s / sh는 [ㅅ]에 해당하지만 각각 발음하는 방법과 혀의 위치가 다르다. 각각의 발음을 꾸준한 연습을 통해 확실히 구분하도록 한다.

① j / z / zh

jī 鸡 닭
júzi 橘子 귤

zī 咨 자문하다
zúzi 卒子 졸병

zhī 织 (실 등으로) 짜다
zhúzi 竹子 대나무

② q / c / ch

qī 七 일곱, 7
qiāo 敲 두드리다

cī 刺 찢어질 때 나는 소리
cāo 操 (손에) 쥐다, 조작하다

chī 吃 먹다
chāo 抄 베끼다

③ x / s / sh

xī 西 서쪽
xiān 先 먼저

sī 思 생각하다
sān 三 셋, 3

shī 诗 시
shān 山 산

## (4) u / ü 발음연습 🎧008

u는 우리말의 [우]와 유사하지만 ü는 우리말에 없는 소리다. 이로 인해 학습자들은 ü를 발음할 때는 입 모양을 둥글게 한동안 유지해야함에도 불구하고 모았던 입 모양을 너무 빨리 변화시켜 버림으로써 결과적으로 [위이]와 유사한 소리를 낸다. ü를 발음할 때는 입모양을 동그랗게 유지 해야 하며, ü가 j, q, x와 결합할 때는 u로 표기한다는 점에도 주의하자.

① u

sùdù 速度 속도
túshū 图书 도서

gūdú 孤独 외롭다
fúwù 服务 봉사하다

② ü

qūyù 区域 구역
yǔjù 语句 글귀

xùqǔ 序曲 서곡
nǚxu 女婿 사위

③ u / ü

lùshang 路上 길 위, 도중
bǐlù 笔录 필기하다
jìlù 记录 기록하다

lǜsè 绿色 녹색
bǐlǜ 比率 비율
jìlǜ 纪律 기율, 법도

##  기타 주의해야 할 발음

### (1) 얼화운(儿化韵) 연습 🎧 009

儿은 독립적으로 [ér]로 발음되지만, 때로는 접미사로 쓰여 앞 운모의 일부로 동화되는 경우가 있다. 이것을 '얼화(儿化 érhuà)'라고 하며, 이러한 발음을 '얼화운(儿化韵 érhuàyùn)'이라고 한다. 앞 음절 뒤에 -r을 붙여 표시하고, 어떤 음절 뒤에 오느냐에 따라 발음은 약간의 차이가 있다.

① 성모 + i / ü

앞 음절에 [er]을 붙여 발음한다.

wányìr [wányì'er]  玩意儿 완구
jīnyúr [jīnyú'er]  金鱼儿 금붕어

② 성모 + a / o / e / u

앞 음절에 [-r]을 붙여 발음한다.

nàr [nàr]  那儿 거기
gēr [gēr]  歌儿 노래
shūzhuōr [shūzhuōr]  书桌儿 책상
xiǎotōur [xiǎotōur]  小偷儿 좀도둑

③ 성모 + ai / ei / an / en / ang / eng / ong

운모 끝의 [i], [-n], [ng] 발음을 생략하고, [-r]을 붙여 발음한다.

xiǎoháir [xiǎohár]  小孩儿 아이, 꼬마
wèir [wèr]  味儿 맛
pángbiānr [pángbiār]  旁边儿 옆
liǎng běnr [liǎng běr]  两本儿 두 권
huāyàngr [huāyàr]  花样儿 모양새, 스타일
xìnfēngr [xìnfēr]  信封儿 편지봉투
hútòngr [hútòr]  胡同儿 골목

④ 성모 + ie / ue / ui / in / un / ing

운모 끝의 [-e], [i], [-n], [ng] 발음을 생략하고, [er]을 붙여 발음한다.

táijiēr [táijiē'er]  台阶儿 계단
bīnggùnr [bīnggù'er]  冰棍儿 아이스 바
yíhuìr [yíhuì'er]  一会儿 잠시
diànyǐngr [diànyǐ'er]  电影儿 영화

⑤ zh, ch, sh, r(권설음) / z, c, s(설치음) + 운모 -i

-i를 생략하고 [er]을 붙여 발음한다.

shìr [shèr]  事儿 일, 사정
cìr [cèr]  刺儿 가시
shùzhīr [shùzhēr]  树枝儿 나뭇가지
ròusīr [ròusēr]  肉丝儿 채 썬 고기

## (2) 표기법과 소리가 달라서 잘못 읽기 쉬운 발음들 🎧010

중국어에서 일부 운모들은 병음의 표기 방법과 실제 소리가 다르다. 이런 발음들을 표기된 대로 잘못 익혀서 습관이 되면 자신도 모르게 계속 틀리게 읽을 수 있다. 시험 전에 자신에게 잘못된 발음 습관이 있는지 반드시 체크해보고 교정하자.

### ① 성모 + iu / ui / un

운모 iu, ui, un은 본래 [iou], [uei], [uen]이므로 중간의 -o-, -e- 모음을 살려서 발음한다.

jiǔ [jiǒu]  九 아홉, 9            shuǐ [shuěi]  水 물

hùn [huèn]  混 섞다

### ② yu / yue / yuan / yun

본래 ü, üe, üan, ün인데 성모와 결합하지 않고 단독으로 쓸 때는 y를 붙이고 ü 위의 두 점을 생략한다. 따라서 [ü] 발음에 유의하여 입을 동그랗게 모으고 발음한다.

yuè [üè]  阅 (책을) 보다, 읽다        yuǎn [üǎn]  远 멀다

yún [ǘn]  云 구름                    yuèyú'é [üè'ǘ'é]  月余额 월말잔고

yuānyuán [üān'üán]  渊源 연원, 뿌리   yǔnxǔ [ǔnxǔ]  允许 허락하다

### ③ 성모 j, q, x + u / ue / uan / un

성모 j, q, x 뒤에 u로 시작하는 운모들이 나오면 입모양을 동그랗게 유지하며 [ü], [üe], [üan], [ün]으로 발음한다. ü가 j, q, x(설면음)와 결합할 때 표기상 위의 두 점을 생략한다는 사실을 간과하여 ju를 [주], qu를 [추], xu를 [수]로 잘못 발음하지 않도록 주의한다.

jùzi [jǜzi]  句子 문장                qúnzi [qǘnzi]  裙子 치마

xuéxiào [xüéxiào]  学校 학교          jǔshǒu [jǚshǒu]  举手 손을 들다

quēshǎo [qüēshǎo]  缺少 부족하다       xuǎnzé [xüǎnzé]  选择 선택하다

Wǒ juéde xuésheng yīnggāi nǔlì xuéxí. [Wǒ jüéde xüésheng yīnggāi nǔlì xüéxí.]
我觉得学生应该努力学习。나는 학생은 열심히 공부해야 한다고 생각한다.

## (3) 결합운모의 개음(i / u / ü) 연습 🎧011

결합운모에서 주요모음 앞에 나오는 첫 운모(i, u, ü)를 '개음'이라 한다. 개음 i, u, ü는 주요모음인 a, o, e 등에 비해 상대적으로 짧게 발음하지만, 그렇다고 소홀히 하면 발음이 좋지 않다는 인상을 줄 수 있으므로 각각의 소리에 맞는 입 모양에 주의해서 발음해야 한다.

| 개음 | 결합운모 |
|---|---|
| i | ia / ie / iao / iu / ian / in / iang / ing / iong |
| u | ua / uo / uai / ui / uan / un / uang / ueng |
| ü | üe / üan / ün |

jiā　家 집, 가정

xuě　雪 눈

yángguāng　阳光 햇빛

quànxué　劝学 권학(학습을 권장)하다

huà　话 말

suíbiàn　随便 아무렇게나

huáchuán　划船 배를 젓다

Xiǎoxióngmāo de / xiǎo zuǐ / tèbié kě'ài.
小熊猫的 / 小嘴 / 特别可爱。 새끼 판다의 작은 입이 특히 귀엽다.

Wǒ juéde / bié de dōu / bú tài yuán.
我觉得 / 别的都 / 不太圆。 나는 다른 것은 모두 그다지 둥글지 않다고 생각한다.

Suǒyǒu de huìyuán / dàyuē jiǔ yuè huíguó.
所有的会员 / 大约九月回国。 모든 회원이 대략 9월에 귀국한다.

※ 표시된 부분의 발음에 유의하며 다음 병음을 읽어보세요.

1. Wūzi li dōu shì wūní hé yūní.

2. Chúfēi tàiyáng cóng xībian chūlai.

3. Nǐmen xiǎng cānguān zhǎnlǎnguǎn ma?

4. Wǒmen gǎnjǐn zǒu ba, jīntiān xiàwǔ huì xiàyǔ.

5. Nà ge nóngjiā fùnǚ nǔlì zhòng shùmù, yě jìnlì xùmù.

6. Wǒ gěi nǐ mǎile yì běn jièshào Zhōngguó zájì yìshù de zázhì.

7. Rúguǒ wǒ méi lùguò tā jiā, jiù bú huì kànjiàn tā zài nǔlì xuéxí.

8. Ménkǒu yǒu sì liàng sìlún dàmǎchē, nǐ ài lā nǎ liǎng liàng lái lā nǎ liǎng liàng.

9. Sān shān chēng sì shuǐ, sì shuǐ rào sān shān, sān shān sì shuǐ chūn cháng zài, sì shuǐ sān shān sì shí chūn.

10. Sījī mǎi cíjī, zǐxì kàn cíjī, sì zhī xiǎo cíjī, jījī hǎo huānxǐ, sījī xiàoxīxī.

**11.** Bèibei fēi zhǐfēijī, Fēifei yào Bèibei de zhǐfēijī, Bèibei bù gěi Fēifei zìjǐ de zhǐfēijī, Bèibei jiāo Fēifei zìjǐ zuò néng fēi de zhǐfēijī.

**12.** Sì hé shí, shí hé sì, shísì hé sìshí, sìshí hé shísì. Shuōhǎo sì hé shí děi kào shétou hé yáchǐ. Shéi shuō sìshí shì "xì xí", tā de shétou méi yònglì; shéi shuō shísì shì "shìshí", tā de shétou méi shēnzhí. Rènzhēn xué, cháng liànxí, shísì、 sìshí、 sìshísì.

**13.** Cóngqián, yǒu yí wèi jiāoshū xiānsheng, zhǐ rènshi yí ge "chuān" zì. Yì tiān, tā de xuésheng sòngshàng yì běn shū, ràng tā jiāo shízì, tā jiù náqǐ shū, dàochù zhǎo "chuān" zì. Kěshì, tā zhǎole bàntiān, yě méi jiàndào yí ge "chuān" zì, zhèngzài zháojí, hūrán jiàndào yí ge "sān" zì, tā jiù zhǐzhe màdào: "Wǒ zhǎo nǐ bàntiān zhǎobuzháo, yuánlái nǐ tǎngzài zhèli shuìjiào!"

**1.** u / ü 연습 🎧 012

Wūzi li / dōu shì / wūní hé yūní.

屋子里 / 都是 / 污泥和淤泥。방 안은 온통 흙탕물과 진흙이다.

**2.** c / ch 연습 🎧 013

Chúfēi / tàiyáng cóng xībian / chūlai.

除非 / 太阳从西边 / 出来。해가 서쪽에서 뜬다면야.(오직 해가 서쪽에서 떠야지만.)

**3.** 연속된 3성의 연습 🎧 014

Nǐmen xiǎng / cānguān zhǎnlǎnguǎn ma?

你们想 / 参观展览馆吗? 너희는 전람관을 관람하고 싶니?

**4.** 연속된 3성, u / ü 연습 🎧 015

Wǒmen / gǎnjǐn zǒu ba, jīntiān xiàwǔ / huì xiàyǔ.

我们 / 赶紧走吧，今天下午 / 会下雨。우리 서둘러 가자, 오늘 오후에는 비가 올 거야.

**5.** u / ü 연습 🎧 016

Nà ge nóngjiā fùnǚ / nǔlì zhòng shùmù, yě jìnlì xùmù.

那个农家妇女 / 努力种树木，也尽力畜牧。

그 농가 부녀는 열심히 나무를 심고, 또한 힘을 다해 목축을 했다.

**6.** 연속된 3성, j / z / zh 연습 🎧 017

Wǒ gěi nǐ mǎile yì běn / jièshào Zhōngguó zájì yìshù de / zázhì.

我给你买了一本 / 介绍中国杂技艺术的 / 杂志。

내가 너를 위해 중국 서커스 예술을 소개하는 잡지를 한 권 샀다.

**7.** r / l / n 연습 🎧 018

Rúguǒ / wǒ méi lùguò tā jiā, jiù bú huì kànjiàn / tā zài nǔlì xuéxí.

如果 / 我没路过他家，就不会看见 / 他在努力学习。

만약 내가 그의 집을 지나가지 않았다면, 그가 열심히 공부하고 있는 것을 보지 못했을 것이다.

**8.** n / l 연습 🎧019

Ménkǒu yǒu sì liàng / sìlún dàmǎchē, nǐ ài lā nǎ liǎng liàng / lái lā nǎ liǎng liàng.

门口有四辆 / 四轮大马车，你爱拉哪两辆 / 来拉哪两辆。《四辆四轮大马车》

입구에 대형 사륜마차가 4대 있다. 네가 좋아하는 2대를 골라 잡아라. 《4대의 대형 사륜마차》

**9.** s / sh 연습 🎧020

Sān shān chēng sì shuǐ, sì shuǐ rào sān shān, sān shān sì shuǐ chūn cháng zài, sì shuǐ sān shān sì shí chūn.

三山撑四水，四水绕三山，三山四水春常在，四水三山四时春。《三山撑四水》

삼산(三山)은 사수(四水)를 받치고, 사수는 삼산을 감돈다. 삼산과 사수에는 봄기운이 항상 있어서, 사수와 삼산은 언제나 봄이다. 《삼산이 사수를 받치다》

**10.** z / c / s, j / x 연습 🎧021

Sījī mǎi cíjī, zǐxì kàn cíjī, sì zhī xiǎo cíjī, jījī hǎo huānxǐ, sījī xiàoxīxī.

司机买雌鸡，仔细看雌鸡，四只小雌鸡，叽叽好欢喜，司机笑嘻嘻。《司机买雌鸡》

기사가 암탉을 사서 자세히 암탉을 본다. 4마리 작은 암탉이 짹짹대며 아주 즐거워하니 기사가 미소 짓는다. 《기사가 암탉을 사다》

**11.** b / f 연습 🎧022

Bèibei fēi zhǐfēijī, Fēifei yào Bèibei de zhǐfēijī, Bèibei bù gěi Fēifei zìjǐ de zhǐfēijī, Bèibei jiāo Fēifei zìjǐ zuò néng fēi de zhǐfēijī.

贝贝飞纸飞机，菲菲要贝贝的纸飞机，贝贝不给菲菲自己的纸飞机，贝贝教菲菲自己做能飞的纸飞机。《贝贝和菲菲》

베이베이가 종이비행기를 날린다. 페이페이가 베이베이의 종이비행기를 달라고 한다. 베이베이는 페이페이에게 자기의 종이비행기를 주지 않고, 베이베이는 페이페이에게 날 수 있는 종이비행기를 스스로 접도록 가르쳐준다. 《베이베이와 페이페이》

**12.** s / sh 연습 🎧023

Sì hé shí, shí hé sì, shísì hé sìshí, sìshí hé shísì. Shuōhǎo sì hé shí / děi kào shétou hé yáchǐ. Shéi shuō sìshí shì "xì xí", tā de shétou méi yònglì; shéi shuō shísì shì "shìshí", tā de shétou méi shēnzhí. Rènzhēn xué, cháng liànxí, shísì、sìshí、sìshísì.

四和十，十和四，十四和四十，四十和十四。说好四和十 / 得靠舌头和牙齿。谁说四十是"细席"，他的舌头没用力；谁说十四是"适时"，他的舌头没伸直。认真学，常练习，十四、四十、四十四。《四和十》

4와 10, 10과 4, 14와 40, 40과 14. 4와 10을 잘 말하려면 혀와 치아를 사용해야 한다. 누군가가 40을 "세석(가는 대자리)"으로 발음한다면 그의 혀에는 힘이 없는 것이다. 누군가가 14를 "적시(시기적절하다)"로 발음한다면 그의 혀는 곧게 펴지지 않은 것이다. 열심히 공부하고 자주 연습해야 한다. 14, 40, 44라고. 《4와 10》

Cóngqián, yǒu yí wèi jiāoshū xiānsheng, zhǐ rènshi yí ge "chuān" zì. Yì tiān, tā de xuésheng / sòngshàng yì běn shū, ràng tā jiāo shízì, tā jiù náqǐ shū, dàochù zhǎo "chuān" zì. Kěshì, tā zhǎole bàntiān, yě méi jiàndào yí ge "chuān" zì, zhèngzài zháojí, hūrán jiàndào yí ge "sān" zì, tā jiù zhǐzhe màdào: "Wǒ zhǎo nǐ bàntiān / zhǎobuzháo, yuánlái nǐ tǎngzài zhèli shuìjiào!"

从前，有一位教书先生，只认识一个"川"字。一天，他的学生 / 送上一本书，让他教识字，他就拿起书，到处找"川"字。可是，他找了半天，也没见到一个"川"字，正在着急，忽然见到一个"三"字，他就指着骂道："我找你半天 / 找不着，原来你躺在这里睡觉！"（"川"字睡觉）

옛날에 "川(천)"자만 아는 어느 교사가 있었다. 하루는 그의 학생이 책 한 권을 가져와서 그에게 글자를 가르쳐달라고 했다. 그는 책을 집어들고 여기저기서 "川"자를 찾았다. 그러나 한참을 찾아도 "川"자를 찾지 못했다. 다급해하고 있을 때 갑자기 "三(삼)"자를 보고서 그는 가리키며 욕을 했다. "내가 너를 한참 찾아도 못 찾겠더니만, 알고 보니 네가 여기 누워서 잠을 자고 있었구나!" （"川"자가 잠을 자다）

최신 기출문제 완벽 분석!

新 HSK 한권이면 한끝

초급회화

초급편

제1부분   듣고 따라 말하기

제2부분   듣고 대답하기

제3부분   질문에 대답하기

제**1**부분

# 听后重复
## 듣고 따라 말하기

**1** | 听后重复
## 문제 유형 살펴보기

'듣고 따라 말하기(听后重复)'는 시험장에서 방송으로 들려주는 원어민의 녹음 내용을 듣고 응시자가 그대로 따라 말하는 형식의 문제로, 시험지에는 문제가 따로 제시되지 않는다. 문제는 모두 15문항이고, 문제와 문제 사이의 간격은 약 7초다.

녹음이 방송되는 시간은 3초 이내이고, 응시자는 다음 문제가 나오기 전까지 약 7초 동안 녹음을 하면 된다. 들려주는 녹음 내용은 초급 수준의 학습자가 반드시 배워야 할 일상적인 것들이며, 문장 길이는 약 5~10자, 난이도는 중하 수준으로 구성된다. 들려주는 녹음 속도는 일상회화에 비하면 상대적으로 느린 편이다. 평소에 발음 연습과 듣기 훈련을 꾸준히 해둔다면 이 부분은 큰 어려움 없이 정복할 수 있다.

🎧 025

我女儿八岁。Wǒ nǚ'ér bā suì.

**단어** 女儿 nǚ'ér 몡 딸 | 岁 suì 몡 살, 세[나이를 세는 단위]

**해석** 제 딸은 8살입니다.

**모범답안** 我女儿 / 八岁。

## 听后重复
# 문제 공략법

### (1) 또박또박 정확한 발음으로 녹음한다.

한 문제, 즉 한 문장이 방송되는데 3초 가량 소요되므로, 다음 문제가 방송되기까지 약 7초의 시간이 응시자에게 주어진다. 따라서 응시자는 이 7초를 충분히 활용해야 한다. 무조건 빨리 말하는 것이 꼭 좋은 것은 아니다. 빨리 말하려다 보면 발음이 불분명해질 수 있으므로 오히려 감점이 될 수 있다. 속도는 빠르지만 발음이 부정확한 것보다는 속도가 다소 느릴지라도 내용과 발음이 정확한 것이 좋은 점수를 받는다. 따라서 허둥대지 말고 또박또박 정확한 발음으로 녹음한다.

### (2) 녹음기를 되감지 않는다.

제1부분에서는 녹음기를 녹음 상태로 설정하고 손대지 않는 것이 좋다. 설령 잘못 발음한 것이 있다 해도, 그 상태에서 다음 문제가 나오기 전에 서둘러 다시 한 번 말하면 된다. 잘못 말한 부분을 삭제하기 위해 테이프를 앞으로 돌리다 시간이 초과되면 다음 문제를 못 듣고 놓칠 수도 있고, 심지어 실수로 앞 문제의 답안 녹음까지 삭제될 수도 있다. 작은 실수 때문에 제1부분 전체에 나쁜 영향을 미칠 수 있으니, 실수한 부분에 대해 너무 연연하지 말고, 마음을 가라앉히고 새로 나올 다음 문제에 집중한다.

### (3) 기억하기 쉽게 들으면서 메모한다.

들려주는 문장을 곧바로 따라 말하는 것이므로, 순간적으로 한두 단어를 빠뜨리고 녹음할 수도 있다. 따라서 문제를 들으면서 받아 적는 습관을 길러야 한다. 한어병음을 적는 것이 익숙하지 않다면 간단하게 첫소리라도 자기만의 기호로 기록해주자. 그러면 문장을 기억하기가 한결 쉽고, 발음을 틀리게 읽을 확률도 낮아진다.

---

예 　[녹음내용]　我 / 很 / 喜欢 / 唱歌。Wǒ hěn xǐhuan chànggē.

➡ [메모]　w　h　x　ch

---

📝 **알아두면 유용한 메모 요령**

① **의미 단위로 첫소리를 기록한다:** 문장 전체를 처음부터 끝까지 모두 받아 적기에는 시간적 여유가 없다. 들으면서 의미별로 주어부/술어부/목적어·보어부의 첫소리를 기록하는 것이 좋다.

> 예 [녹음내용] 我 / 买 / 些 水果。 Wǒ mǎi xiē shuǐguǒ.
>
> ➡ [메모] w m x sh

② **부가성분은 생략한다:** 주어·술어·목적어 등 주요성분 이외에 的·양사·儿 등의 부가성분들은 과감히 생략한다.

> 예 [녹음내용] 左边 / 那个 / 红色的 / 是 我的。 Zuǒbian nà ge hóngsè de shì wǒ de.
>
> ➡ [메모] z n h sh w

③ **부사/수사/了·着·过는 반드시 기록해야 한다:** 문장에 나오는 부사들은 대개 강조의 의미가 있고, 수사는 시간이나 수량 같은 중요한 정보일 가능성이 높다. 동태조사 了·着·过도 의미와 어기에 변화를 주는 중요한 역할을 하므로 정확히 기록하여 빠뜨리거나 잘못 읽지 않도록 주의해야 한다.

> 예 [녹음내용] 他 / 去 书店 / 买了 / 三本 书。 Tā qù shūdiàn mǎile sān běn shū.
>
> ➡ [메모] t q sh m了 3 sh

④ **자기만의 기호를 만든다:** 의미에 영향을 주는 복수형 접미사 们은 '–m'으로, 你와 헷갈리기 쉬운 您은 'nn'으로 표기하는 등, 알아보기 쉬운 기호를 만들어 메모한다.

> 예 [녹음내용] 您 可以 / 给 我们 / 介绍 吗? Nín kěyǐ gěi wǒmen jièshào ma?
>
> ➡ [메모] nn k g wm j m?

## (4) 의미 단위로 끊어 읽는 훈련을 한다.

연습할 때는 주어진 문장의 의미를 먼저 숙지한 후 반복적으로 듣고 따라 읽어야 한다. 처음에는 단어별로 천천히 정확하게 읽다가 점차 속도를 높인다. 문장을 낭독할 때는 대개 주어와 술어 사이를 살짝 끊어( / ) 읽고, 주어나 술어가 길어질 때는 의미 단위로, 또는 강조하는 부분에서 다시 한 번 끊어 읽는다. 최종적으로 원어민의 낭독 속도, 발음과 동일하게 될 때까지 반복해서 연습한다.

📝 **알아두면 유용한 끊어 읽기 요령**

① 생소한 단어는 처음에는 한 음절씩 천천히 정확하게 발음하는 연습을 하다가 점차 속도를 높여 단숨에 발음한다. 단어는 끊어 읽지 않는다.

> 예 중국인 中 / 国 / 人 (×)   화요일 星 / 期 / 二 (×)

② 문장을 읽을 때는 크게 주어부, 술어부, 목적어부(보어부)로 나누어 살짝 끊어( / ) 읽고, 주어나 술어가 길어질 때는 의미 단위로, 또는 강조하는 부분에서 다시 한 번 끊어 읽는다.

③ 관형어나 부사어가 삽입되었을 때는 그 뒤에서 끊어 읽을 수 있다.

④ 문장이 끝나거나 절이 나눠지는 등, 의미적으로 문장부호가 들어가는 부분은 끊어 읽는다.

# 3 听后重复
## 문형별 문제 공략

'듣고 따라 말하기'는 단순히 '소리를 잘 흉내 내는가'를 시험하는 것이 아니다. 초급 회화에서 자주 쓰이는 문장들을 응시자가 알아듣고 스스로 다시 말할 수 있는가를 확인하는 것이다. 들은 문장의 의미를 파악하지 못한다면, 문장을 기억하기가 쉽지 않기 때문에 들은 그대로 다시 말하기란 사실상 어렵다. 따라서 초급 회화에서 활용도가 높은 중요 단어와 핵심 문형을 중심으로 '중요문형 학습 → 듣기 → 따라 말하기' 순으로 연습해야 한다. 반복연습을 통해 정확한 발음을 구사하게 된 후에는, 한국어 해석만 보고도 바로 중국어로 말할 수 있도록 철저히 암기해야 한다.

## (1) 주술목 문장

술어인 동사 뒤에 목적어가 나오는 문형이다. '[주어]가 [목적어]를 ~한다'라고 해석되는 경우가 많다. 목적어로는 명사·명사구·동사구 등이 올 수 있다. 초급 회화에서 가장 흔히 사용되는 문형이다.

### ❶ 是(shì)가 술어인 문장

是는 '~이다'라는 의미의 동사다. 是가 들리면 대부분 是 앞에는 주어가, 뒤에는 목적어가 나오는 주술목 문장이 된다. 是는 주어와 목적어(명사)가 동등한 관계이거나 주어가 목적어에 소속됨을 나타낸다. 부정형은 是 앞에 부정부사 不를 붙여서 'A+不是+B'로 표현한다.

> A + 是 + B : A는 B다

🎧 026

现在是十点十分。 *Xiànzài shì shí diǎn shí fēn.*

**MEMO**

x sh 10:10

**단어** 现在 xiànzài 명 지금 | 点 diǎn 양 시 | 分 fēn 양 분

**해석** 지금은 10시 10분입니다.

동사 是가 들어간 주술목 문장이다.

现在 + 是 + 十点十分。
　주어　술어　　목적어

이 문장에서 핵심은 十点十分(10시 10분)이다. 문장에서 시간·날짜·가격 등 숫자와 관련된 표현이 나올 경우에는 반드시 숫자를 잘 기억해두어야 하며, 필요에 따라서는 따로 메모해두는 것이 좋다. 특히 十(shí)와 四(sì)를 혼동하지 않도록 주의해야 한다.

**모범답안**　现在 / 是 / 十点十分。

---

🎧 **027**

예제 **2**

**这是我们公司的李先生。** Zhè shì wǒmen gōngsī de Lǐ xiānsheng.

MEMO
zh sh wm g L

**단어**　公司 gōngsī 명 회사 ｜ 先生 xiānsheng 명 선생님, ~ 씨

**해석**　이분은 우리 회사의 미스터 리입니다.

 문제풀이 공략 **Tip**

是가 술어가 된 주술목 문장이다.

这 + 是 + 我们公司的+ 李先生。
주어　술어　　관형어　　　　목적어

중국어에서 先生은 우리말처럼 '선생님(가르치는 분)'의 의미가 아니고, 남성에 대한 존칭이다. 영어의 'Mr.'에 해당한다. 우리말의 '선생님'은 중국어로 老师(lǎoshī)라고 한다. 先生의 先(xiān)은 높고 길게, 生(sheng)은 짧고 가볍게 발음한다.

**모범답안**　这是 / 我们 / 公司的 / 李先生。

---

🔍 **주의해야 할 발음**

xiānsheng: 先生 명 선생님, ~ 씨, 미스터(Mr.)

xiānshēng: 先声 명 전조, 발단

## ❷ 在(zài)가 들어간 문장

在가 동사로 쓰이면 'A[주어]가 B[장소]에 있다'라는 의미의 주술목 구조가 된다. 목적어인 B 부분에 장소를 나타내는 말이 온다. '在+목적어' 뒤에 다른 동사가 나오면 '在+목적어'는 전치사구가 되어 '~에서'라는 의미가 된다. 이때는 대개 전치사구와 동사 사이에서 끊어 읽는다.

> ① A + 在 + B: A는 B에 있다
> ② A + 在 + B + 동사: A는 B에서 ~한다

 **예제 1**  🎧 **028**

手机在房间里。 Shǒujī zài fángjiān li.

**MEMO**
sh z f

**단어** 手机 shǒujī 圆 휴대전화 | 房间 fángjiān 圆 방

**해석** 휴대전화는 방 안에 있습니다.

 **문제풀이 공략Tip**

在가 술어가 된 '~는 …에 있다'라는 의미의 주술목 문장이다.

手机 + 在 + 房间里。
주어   술어   목적어

手机(shǒujī)의 sh를 s로 잘못 읽거나, 房间(fángjiān)의 f를 p로 잘못 발음하지 않도록 주의해야 한다.

**모범답안** 手机 **/** 在房间里。

**잠깐!** 🔍 **주의해야 할 발음**

**fang과 pang의 구분**

fáng: 房 圆 방          fángjiān: 房间 圆 방

páng: 旁 圆 옆          pángbiān: 旁边 圆 옆, 근처

 **예제 2**  🎧 **029**

他在学校学习汉语。 Tā zài xuéxiào xuéxí Hànyǔ.

**MEMO**
t z x x H

**단어** 学校 xuéxiào 圆 학교 | 学习 xuéxí 圆 동 학습(하다), 공부(하다), 배우다 | 汉语 Hànyǔ 圆 중국어

**해석** 그는 학교에서 중국어를 공부합니다.

### 문제풀이 공략Tip

在는 전치사로, 学习가 술어가 된 주술목 문장이다.

他 + [在 + 学校] + 学习 + 汉语。
주어　부사어[전+명]　술어　목적어

'在+장소' 뒤에 동사(学习)가 나왔기 때문에 '在+장소'는 전치사구가 된다. 이런 경우 전치사구와 동사 사이에서 끊어 읽는다. 汉语의 语(yǔ) 발음에 유의한다.

**모범답안**　他 / 在学校 / 学习汉语。

### 잠깐! 주의해야 할 발음

**ju, qu, xu, yu → [jü], [qü], [xü], [ü]:** j, q, x, y 뒤에 오는 u와 yu는 ü로 발음한다.
u → sùdù: 速度 명 속도　　　　shùmù: 数目 명 수, 숫자
ü → Hànyǔ: 汉语 명 중국어　　tǐyù: 体育 명 체육　　　yěxǔ: 也许 부 어쩌면, 아마도

## ❸ 爱(ài)가 술어인 문장

爱가 동사로 쓰여 주술목 구조를 만들기도 한다. 爱는 본래 '~를 사랑하다'라는 뜻이지만, 爱의 목적어로 동사(구)가 오면 'A[주어]가 B하는 것을 좋아한다/즐긴다'라는 의미가 된다. 爱는 喜欢보다 강한 느낌을 준다.

A + 爱 + B: A는 B(하기)를 좋아한다

**예제 1**　🎧 030

他爱吃牛肉。 Tā ài chī niúròu.

MEMO
t a ch n

**단어**　爱 ài 동 ～하기를 좋아하다[喜欢보다 어감이 강함] | 吃 chī 동 먹다 | 牛肉 niúròu 명 쇠고기
**해석**　그는 쇠고기 먹는 것을 좋아합니다.

### 문제풀이 공략Tip

술어 爱의 목적어가 吃牛肉인 주술목 문장이다.

他 + 爱 + [吃 + 牛肉]。
주어　술어　목적어[동+목]

爱와 吃 사이를 끊어 읽는다. 牛肉의 牛(niú)를 '니우'로 잘못 발음하지 않도록 주의한다.

**모범답안**　他 / 爱 / 吃牛肉。

**주의해야 할 발음**

**iu [iou]:** iu의 실제 발음은 iou다. 중간에 o 발음이 살짝 숨어 있다는 것을 잊지 말자.

niú [nióu]: 牛 몡 소      qiū [qiōu]: 秋 몡 가을

liǔ [liǒu]: 柳 몡 버드나무      xiù [xiòu]: 袖 몡 소매

🎧 **031**

**儿子不爱吃米饭。** *Érzi bú ài chī mǐfàn.*

> MEMO
>
> e b a ch m

**단어**   儿子 érzi 몡 아들 | 爱 ài 됭 ~하기를 좋아하다, 곧잘 ~하다 | 米饭 mǐfàn 몡 (쌀)밥

**해석**   아들은 밥 먹는 것을 좋아하지 않습니다.

**문제풀이 공략 Tip**

술어 爱의 목적어가 吃米饭인 주술목 문장의 부정형이다.

儿子 + 不爱 + [吃 + 米饭]。
주어   술어   목적어[동+목]

不(bù)를 爱(ài) 앞에 붙이면 爱가 제4성이기 때문에 不는 제2성(bú)으로 발음해야 한다.

**모범답안**   儿子 / 不爱 / 吃米饭。

**주의해야 할 발음**

**不의 성조 변화**

不는 원래 제4성이지만 뒤에 제4성이 오면? → **제2성**으로 발음한다!

bù + ài → bú ài: 不爱 좋아하지 않는다

bù + tài → bú tài: 不太 별로, 그다지

bú tài héshì: 不太合适 그다지 어울리지 않다

## ❹ 坐(zuò)가 술어인 문장

동사 坐가 술어로 쓰여, 'A[주어]가 B[목적어]를 타다'라는 의미의 주술목 구조를 이룬다. 坐의 목적어는 자동차, 배, 비행기 등 각종 탈 것이 된다. 坐 뒤에 탈 것이 오고, 그 뒤에 다시 동사가 나오면, '~을 타고 …하다'라는 의미의 문장이 된다. 이럴 때는 '坐+탈 것'이 이동 수단을 나타내는 경우가 많다.

> ① A + 坐 + B: A는 B를 탄다
> ② A + 坐 + B + 동사: A는 B를 타고 ~한다

**예제 1** 🎧 032

我们坐飞机去。 Wǒmen zuò fēijī qù.

**단어**  坐 zuò 통 앉다, (교통수단을) 타다 | 飞机 fēijī 명 비행기 | 去 qù 통 가다

**해석**  우리는 비행기를 타고 갑니다.

---

✎ **문제풀이 공략Tip**

동사 坐가 술어가 되는 주술목 문장이다. '비행기를 타는 것'이 去의 수단이 된다.

我们 + 坐 + 飞机 + 去。
　주어　술어1　목적어　술어2

수단·방식을 나타내는 동사구 坐飞机의 앞과 뒤에서 끊어 읽는다. 我们(wǒmen: 제3성+경성)의 발음에도 주의해야 한다.

**모범답안**  我们 / 坐飞机 / 去。

---

 **주의해야 할 발음**

제3성+경성 → 반 3성+경성

wǒmen: 我们 대 우리　　　　　nǎinai: 奶奶 명 할머니

xǐhuan: 喜欢 통 좋아하다　　　běnzi: 本子 명 공책

---

**예제 2** 🎧 033

他坐出租车上班。 Tā zuò chūzūchē shàngbān.

**단어**  坐 zuò 통 앉다, (교통수단을) 타다 | 出租车 chūzūchē 명 택시 | 上班 shàngbān 통 출근하다

**해석**  그는 택시를 타고 출근합니다.

---

✎ **문제풀이 공략Tip**

동사 坐가 술어가 되는 주술목 문장이다. 坐 뒤에 동사 上班이 오면 '~을 타고 출근하다'라는 뜻이 된다.

他 + 坐 + 出租车 + 上班。
주어　술어1　목적어　술어2

수단·방식을 나타내는 동사구 坐出租车의 앞과 뒤에서 끊어 읽는다. 出租车(chūzūchē)는 권설음(ch)과 설치음(z)이 번갈아 나오는 단어다. 처음에는 혀를 앞뒤로 바삐 이동시켜 발음하는 것이 다소 어렵게 느껴질 수도 있지만, 익숙해질 때까지 포기하지 말고 꾸준히 연습하자!

**모범답안**  他 / 坐出租车 / 上班。

**주의해야 할 발음**

**z, c, s와 zh, ch, sh**

zuò chūzūchē: 坐出租车 택시를 타다

cáichǎn: 财产 ⑲ 재산

zuòzhě: 作者 ⑲ 저자

sùshè: 宿舍 ⑲ 기숙사

## ⑤ 想(xiǎng)이 들어간 문장

想 뒤에 사람이나 사물이 오면 想은 동사로 'A[주어]가 B를 그리워한다'라는 의미의 주술목 구조가 된다. 그런데 想 뒤에 동사가 오면 想은 조동사가 되어 'A[주어]는 B[동사]하고 싶다'라는 의미를 나타내게 된다. 일상 회화에서는 '주어+想+동사' 형태의 문장이 많이 쓰이며, 주로 주어의 희망이나 소망을 표현한다.

> A + 想 + B: ① A는 B를 그리워한다
> ② A는 B하고 싶다

 🎧 034

**我想买些水果。 Wǒ xiǎng mǎi xiē shuǐguǒ.**

MEMO

w x m sh

**단어** 想 xiǎng 조통 ~하고 싶다, ~하려고 한다 동 그리워하다, 생각하다 │ 买 mǎi 동 사다 │ 些 xiē 양 조금 │ 水果 shuǐguǒ 명 과일

**해석** 저는 과일을 좀 사고 싶습니다.

### 🔎 문제풀이 공략 Tip

想 뒤에 동사 买가 있으므로, 想은 조동사의 역할을 한다. 买가 술어가 되어 '~를 사고 싶다'라는 의미의 주술목 문장이 된다.

我 + 想 + 买 + 些水果。
주어 조동사 술어 목적어

의미별로 주어부, 술어부, 목적어부로 나누어 끊어 읽는다. 주어와 조동사는 대개 붙여서 읽는다. 些는 확정적이지 않은 적은 수량을 나타내며, 경성처럼 짧고 가볍게 읽는다.

📖 这些东西 zhè xiē dōngxi 이것들

이 문장에서는 水果(shuǐguǒ: 제3성+제3성)의 성조 변화에도 주의한다.

**모범답안** 我想 / 买 / 些水果。

제3성+제3성 → 제2성+제3성

shuǐguǒ → [shuíguǒ]: 水果 명 과일

zhǎnlǎn → [zhánlǎn]: 展览 통 전시하다, 전람하다

gǔdiǎn → [gúdiǎn]: 古典 형 고전적이다

lěngshuǐ → [léngshuǐ]: 冷水 명 냉수, 찬물

---

 🎧 035

**예제 2**

**你想看中国电影吗?** Nǐ xiǎng kàn Zhōngguó diànyǐng ma?

MEMO

n x k Zh d m?

**단어** 想 xiǎng 조통 ~하고 싶다, ~하려고 한다 통 그리워하다, 생각하다 | 看 kàn 통 보다 | 中国 Zhōngguó 명 중국 | 电影 diànyǐng 명 영화

**해석** 당신은 중국영화를 보고 싶습니까?

> 🔍 문제풀이 **공략Tip**
>
> 想 뒤에 동사 看이 나왔으므로, 想은 조동사의 역할을 한다. 看이 술어가 되어 '~를 보고 싶다'라는 의미의 주술목 문장이다.
>
> 你 + 想 + 看 + 中国电影 + 吗?
> 주어  조동사  술어  목적어  조사
>
> 동사 看의 앞과 뒤에서 끊어 읽는다.

**모범답안** 你想 / 看 / 中国电影吗?

---

 **주의해야 할 발음**

제4성+제3성 → 제4성+반 3성: 제3성 앞의 제4성은 너무 강하게 읽지 말고, 살짝 약하게 중약으로 읽는다.

diànyǐng: 电影 명 영화

fànguǎn: 饭馆 명 식당

diànnǎo: 电脑 명 컴퓨터

xiàwǔ: 下午 명 오후

---

## ❻ 去(qù)가 술어인 문장

去는 'A[주어]가 B[목적어]에 간다'라는 의미의 주술목 구조를 만든다. 회화에서는 대부분 목적어 B 뒤에 다시 '동사+(목적어)'가 추가되어 'A[주어]가 B[목적어]에 [동사]하러 간다'라는 형태로 많이 쓰인다.

> ① A + 去 + B: A는 B에 간다
> ② A + 去 + (B) + 동사: A는 (B에) ~하러 간다

🎧 036

他去打篮球。 Tā qù dǎ lánqiú.

**단어** 去 qù 동 가다 | 打 dǎ 동 (놀이·운동을) 하다 | 篮球 lánqiú 명 농구

**해석** 그는 농구하러 갑니다.

 **문제풀이 공략 Tip**

去와 打가 술어인 주술목 문장이다.

他 + 去 + 打 + 篮球。
주어  술어1  술어2  목적어

'去+동사'는 '~하러 가다'라는 의미다.

예 去+学习 qù xuéxí 공부하러 간다

打는 '때리다'라는 뜻 이외에 '(구기 운동을) 하다'라는 의미도 있다. 따라서 이 문장에서처럼 뒤에 篮球가 오면 '농구를 때리다'가 아니라 '농구를 하다'라고 해석한다. 去의 앞과 뒤에서 끊어 읽는다.

**모범답안** 他 / 去 / 打篮球。

🔍 **잠깐! 주의해야 할 발음**

**제2성+제2성**: 앞의 제2성보다 뒤의 제2성이 약간 더 올라가는 듯한 느낌으로 발음한다.

lánqiú: 篮球 명 농구          rénmín: 人民 명 국민

shítáng: 食堂 명 음식점, 식당          xuéxí: 学习 동 공부하다

🎧 037

他下个月去中国。 Tā xià ge yuè qù Zhōngguó.

**단어** 下个月 xià ge yuè 다음 달 | 去 qù 동 가다 | 中国 Zhōngguó 명 중국

**해석** 그는 다음 달에 중국에 갑니다.

**문제풀이 공략 Tip**

去가 술어인 주술목 문장이다.

他 + 下个月 + 去 + 中国。
주어  시간명사  술어  목적어

下个月의 个는 경성으로 발음한다. 中国의 中(zhōng)은 제1성이다. 제1성은 높고 길게 발음된다는 특징이 있다. 제1성을 짧게 발음하여 제4성처럼(zhòng: 重) 들리는 경우가 많으므로 정확히 발음할 수 있도록 연습한다.

**모범답안** 他 / 下个月 / 去中国。

**제1성+제2성**

Zhōngguó: 中国 몡 중국           jiātíng: 家庭 몡 가정

huānyíng: 欢迎 동 환영하다        zhuānmén: 专门 혱 전문적이다

## ❼ 喜欢(xǐhuan)이 술어인 문장

'주어+喜欢+목적어'는 'A[주어]가 B[목적어]를 좋아한다'라는 의미의 주술목 문장이다. 그런데 목적어 B 자리에 동사가 나오면 '~하는 것을 좋아한다'라는 의미가 된다. 부정형은 '不+喜欢+~'이다. 일상 회화에서는 특히 자기소개를 할 때 '주어+喜欢+동사+목적어' 문형이 많이 활용된다.

> A + 喜欢 + B: A는 B(하기)를 좋아한다

 🎧 **038**

我很喜欢这本书。Wǒ hěn xǐhuan zhè běn shū.

**MEMO**

w h x zh sh

**단어** 喜欢 xǐhuan 동 좋아하다 | 本 běn 양 권[책·잡지 등을 셀 때 쓰임] | 书 shū 몡 책

**해석** 저는 이 책을 매우 좋아합니다.

---

**문제풀이 꿀팁 Tip**

술어가 喜欢, 목적어가 这本书인 주술목 문장이다.

我 + 很 + 喜欢 + 这本书。
주어  정도부사  술어   목적어

주어 뒤와 목적어 앞에서 끊어 읽는다. 喜欢의 欢(huan)은 경성이므로 가볍게 읽고, '한'이라고 잘못 발음하지 않도록 uan 발음에 주의한다.

---

**모범답안** 我 / **很喜欢** / 这本书。

---

**uan과 uang의 발음**

xǐhuan: 喜欢 동 좋아하다          xīhuáng: 恓惶 혱 당황하여 허둥지둥하다

chuàn: 串 몡 꼬치              chuàng: 创 동 창조하다

**我不喜欢打篮球。** Wǒ bù xǐhuan dǎ lánqiú.

**단어** 喜欢 xǐhuan 통 좋아하다 | 打 dǎ 통 (놀이·운동을) 하다 | 篮球 lánqiú 명 농구

**해석** 저는 농구하는 것을 좋아하지 않습니다.

> 🔖 문제풀이 **공략Tip**
>
> 喜欢이 술어가 되고, 동목구(打+篮球)가 목적어가 되는 주술목 문장의 부정형이다.
>
> 我 + 不喜欢 + [打 + 篮球]。
> 　주어　 술어　 목적어[동+목]
>
> 부정형이므로 不를 강조해서 읽고, 不의 앞과 목적어 앞에서 끊어 읽는다.

**모범답안** 我 / 不喜欢 / 打篮球。

> 🔍 **주의해야 할 발음**
>
> **不의 성조변화:** 원래 성조는 제4성이지만, 뒤에 제4성인 글자가 오면 제2성으로 발음한다.
> 不(bù)+제1성 → bù xiāng: 不香 향기롭지 않다
> 不(bù)+제2성 → bù xiáng: 不详 분명하지 않다
> 不(bù)+제3성 → bù xiǎng: 不想 ~하고 싶지 않다
> 不(bù)+제4성 → bú xiàng: 不像 닮지 않았다

## ⑧ 吃(chī)가 술어인 문장

'주어+吃+목적어'는 'A[주어]가 B[목적어]를 먹는다'라는 의미의 주술목 문장이다. 吃는 일상생활에서 중요한 부분인 식사와 관련된 상황들에 대해 묻고 답하는 데 많이 활용된다. 吃가 포함된 다양한 예문들을 꼼꼼히 학습하자!

| A + 吃 + B: A가 B를 먹는다 |
| :---: |

**你多吃水果吧。** Nǐ duō chī shuǐguǒ ba.

**단어** 多 duō 형 많다 | 吃 chī 통 먹다 | 水果 shuǐguǒ 명 과일

**해석** 과일을 많이 드세요.

🖊 문제풀이 **공략Tip**

동사 吃가 술어가 된 주술목 문장이다.

你 + 多 + 吃 + 水果 + 吧。
주어　부사　술어　목적어　조사

多가 동사 앞에 오면 '많이 ~하라'는 의미가 된다. 多 앞과 동사 뒤에서 끊어 읽는다.

모범답안　你 / 多吃 / 水果吧。

---

🔍 **주의해야 할 발음**

**제1성＋제1성**

duō chī: 多吃 많이 먹다　　　chūfā: 出发 동 출발하다

fēijī: 飞机 명 비행기　　　guānxīn: 关心 동 관심을 갖다

---

🎧 041

他喜欢吃西瓜。 Tā xǐhuan chī xīguā.

MEMO
t x ch x

단어　喜欢 xǐhuan 동 좋아하다 | 吃 chī 동 먹다 | 西瓜 xīguā 명 수박

해석　그는 수박 먹는 것을 좋아합니다.

🖊 문제풀이 **공략Tip**

동사구 '吃+西瓜'가 술어 喜欢의 목적어가 되는 주술목 문장이다.

他 + 喜欢 + [吃 + 西瓜]。
주어　술어　　목적어 [동+목]

喜欢의 앞과 목적어 吃西瓜 앞에서 끊어 읽는다. 西瓜의 瓜(guā)는 우리말의 '과'보다 된소리로 '꾸아'와 유사하게 발음된다.

모범답안　他 / 喜欢 / 吃西瓜。

---

🔍 **주의해야 할 발음**

**gua의 발음**

xīguā: 西瓜 명 수박　　　nánguā: 南瓜 명 호박

huángguā: 黄瓜 명 오이　　　hāmìguā: 哈密瓜 명 하미과 [중국 신장(新疆) 하미(哈密) 일대에서 나는 멜론]

## ❾ 买(mǎi)가 술어인 문장

'주어+买+목적어'는 'A[주어]가 B[목적어]를 산다'라는 의미의 주술목 문장이다. 목적어는 대개 구매할 수 있는 물건이 된다. 买는 쇼핑이나 판매에 관련된 상황들에 대해 묻고 답하는 데 활용된다.

> A + 买 + B: A는 B를 산다

**042**

我买了一个新电视。 Wǒ mǎile yí ge xīn diànshì.

**단어**  买 mǎi 동 사다 │ 新 xīn 형 사용하지 않은, 새 것의, 새롭다 │ 电视 diànshì 명 텔레비전

**해석**  저는 새 TV를 한 대 샀습니다.

### 문제풀이 공략 Tip

동사 买가 술어가 되고, 一个新电视가 목적어로 쓰인 주술목 문장이다.

我 + 买 + 了 + 一个新电视。
　주어　술어　조사　　목적어

동사 뒤의 조사(了)는 짧고 가볍게 경성으로 발음하고, 수사와 양사는 한 단어처럼 붙여 빠르게 말한다. 一个는 원래 '제1성+제4성'이지만, 회화에서는 대개 '제2성(yí)+경성(ge)'으로 발음한다.

**모범답안**  我 / 买了 / 一个 / 新电视。

###  주의해야 할 발음

**제4성+제4성:** 앞의 제4성은 조금 약하게, 뒤의 제4성은 강하게 발음한다.

diànshì: 电视 명 TV, 텔레비전　　　　fàndiàn: 饭店 명 식당, 호텔

bìyè: 毕业 동 졸업하다　　　　　　　fèndòu: 奋斗 동 (일정한 목적을 달성하기 위해) 분투하다

**043**

他去书店买了三本书。 Tā qù shūdiàn mǎile sān běn shū.

**단어**  去 qù 동 가다 │ 书店 shūdiàn 명 서점 │ 买 mǎi 동 사다 │ 本 běn 양 권[책·잡지를 세는 양사] │ 书 shū 명 책

**해석**  그는 서점에 가서 책을 세 권 샀습니다.

'去(동사)+书店(명사)'과 '买(동사)+书(명사)'가 이어진 주술목 문장이다. 동사 买 뒤에는 동태조사가 붙었고, 목적어 书는 '수사+양사'의 수식을 받고 있다.

他 + 去 + 书店 + 买了 + 三本书。
주어　술어①　목적어①　술어②　목적어②

去书店은 '제4성+제1성+제4성(qù shūdiàn)'이므로 강하게 내려 읽었다가 다시 높고 길게 발음하고 다시 강하게 내려 읽어야 한다. 성조 표현에 주의한다.

**모범답안** 他 / 去书店 / 买了 / 三本书。

**제4성+제1성+제4성:** 제4성은 높은 음에서 낮은 음으로 내려서 발음해야 하고, 제1성은 높은 음을 길게 발음해야 한다. 따라서 낮은 음으로 내렸다가 다시 가장 높은 음을 길게 발음하고, 또 다시 낮게 내려오는 음의 변화(↘→↘)에 주의하여 발음하자. '강(제4성)-약(제1성)-중(제4성)'의 순으로 강세를 준다고 생각하고 발음해야 한다.

qù shūdiàn: 去书店 서점에 가다　　qù chīfàn: 去吃饭 식사하러 가다

yào hē yào: 要喝药 약을 마셔야 된다　　dào chēzhàn: 到车站 정류장에 도착하다

## ⑩ 有(yǒu)가 술어인 문장

'주어+有+목적어'는 'A[주어]가 B[목적어]를 가지고 있다'라는 의미의 주술목 문장이다. 목적어(B)는 사물뿐만 아니라 사람이 될 수도 있다. 목적어가 사람일 경우에는 'A는 B가 있다'라는 의미가 된다. 가족이나 친구를 소개할 때 '주어+有+사람' 문형이 자주 활용된다.

A + 有 + B: A는 B를 가지고 있다 / A는 B가 있다

**예제 1**

🎧044

他是老师，他有五十个学生。 Tā shì lǎoshī, tā yǒu wǔshí ge xuésheng.

**MEMO**

t sh l, t y 50 x

**단어** 老师 lǎoshī 몡 선생님, 스승 | 个 gè 양 개, 사람, 명[사람이나 물건에 쓰임] | 学生 xuésheng 몡 학생

**해석** 그는 선생님이고, 학생이 50명 있습니다.

문제풀이 공략 **Tip**

是와 有가 술어가 된 주술목 문장이다.

他 + 是 + 老师, 他 + 有 + 五十个学生。
주어 술어1 목적어1 주어2 술어2 목적어2

술어의 앞과 뒤에서 끊어 읽는다. 五十个(wǔshí ge)는 '반 3성+제2성+경성'으로 자연스럽게 연결하여 발음한다.

모범답안 他 / 是 / 老师, 他 / 有 / 五十个学生。

잠깐! 주의해야 할 발음

**제3성+제2성 → 반 3성+제2성**

wǔshí: 五十 ㈜ 50                    qǐchuáng: 起床 ⑧ (잠자리에서) 일어나다

jiějué: 解决 ⑧ 해결하다, 풀다          lǚxíng: 旅行 ⑧ 여행하다

---

🎧 045

예제 2

学生有两千多人。 Xuésheng yǒu liǎngqiān duō rén.

MEMO

x y 2000 d r

단어 学生 xuésheng ⑲ 학생 | 两 liǎng ㈜ 둘 | 千 qiān ㈜ 1000, 천 | 多 duō ⑱ 많다 ㈜ ~ 남짓, ~여 | 人 rén ⑲ 사람

해석 학생이 2천여 명 있습니다.

 문제풀이 공략 **Tip**

有가 술어인 주술목 문장이다.

学生 + 有 + 两千多人。
주어 술어 목적어

学生은 '제2성+경성(xuésheng)'이므로 앞은 올리고 뒤는 가볍게 읽는다. 숫자 2000은 èrqiān이 아니라 liǎngqiān으로 발음한다는 것에 주의한다. 술어 有의 앞과 뒤에서 끊어 읽는다.

모범답안 学生 / 有 / 两千多人。

잠깐! 주의해야 할 발음

**제2성+경성**

xuésheng: 学生 ⑲ 학생                yéye: 爷爷 ⑲ 할아버지

fángzi: 房子 ⑲ 집, 건물                hétong: 合同 ⑲ 계약서

## ⑪ 给(gěi)가 술어인 문장

'주어+给+목적어'는 'A[주어]가 B[목적어]를 주다'라는 의미의 주술목 문장이다. 목적어(B)는 사물뿐만 아니라 사람이 될 수도 있다. 목적어인 B가 사람일 경우, 뒤에 다시 사물 목적어가 올 수 있는데 이때는 'A가 B에게 ~을 주다'라고 해석하면 된다. 상점에 가서 물건을 사거나 식당에 가서 음식을 주문할 때 '(제게) ~를 주세요'라는 의미로 자주 활용된다.

> A + 给 + B: ① A가 B를 주다
> ② A가 B에게 ~을 주다

**046**

### 请给我一杯水。 Qǐng gěi wǒ yì bēi shuǐ.

**단어** 请 qǐng 图 (상대가 어떤 일을 하기 바라는 의미로) ~하세요, ~하십시오 | 给 gěi 图 주다 | 杯 bēi 명 잔, 컵 | 水 shuǐ 명 물

**해석** 제게 물 한 잔 주세요.

#### 문제풀이 공략 Tip

给가 술어인 주술목 문장이다.

请 + 给 + 我 + 一杯水。
술어 술어2 목적어1 목적어2

给는 목적어를 두 개 가질 수 있는 동사다. 따라서 '给+사람+사물'은 '[사람]에게 [사물]을 주다'라는 의미다. 请은 '~해주세요'라는 의미의 동사로, 상대방에게 무엇인가를 부탁하거나 권유하는 상황에서 많이 쓴다. 청유형이므로 请은 부드럽게 발음하고, 그 뒤에서 살짝 끊어 읽는다. 请给我(qǐng gěi wǒ)는 제3성이 연속해서 3번 나오므로 '반 3성+제2성+반 3성'으로 발음한다.

**모범답안** 请 / 给我 / 一杯水。

####  주의해야 할 발음

**一의 성조변화**: 一(yī)+제1성 → 제4성(yì)+제1성

yī + bēi → yì bēi: 一杯 한 잔          yī + bān → yìbān: 一般 일반적이다

yī + jīn → yì jīn: 一斤 한 근          yī + tiān → yì tiān: 一天 하루

**예제 2** 🎧 047

妈妈给了我一个苹果。 Māma gěile wǒ yí ge píngguǒ.

**단어** 妈妈 māma 몡 엄마 | 给 gěi 동 주다 | 个 gè 양 개, 사람, 명[사람이나 물건에 쓰임] | 苹果 píngguǒ 몡 사과

**해석** 엄마가 저에게 사과 하나를 주셨습니다.

---

 문제풀이 **공략 Tip**

给가 술어가 된 주술목 문장이다.

妈妈 + 给了 + 我 + 一个苹果。
　주어　술어　목적어1　목적어2

给了我(gěile wǒ)는 '반 3성+경성+반 3성'으로 붙여서 빠르게 읽는다. 一个는 '제2성+경성(yí ge)'으로 발음한다.

---

**모범답안** 妈妈 / 给了我 / 一个苹果。

---

🔍 **주의해야 할 발음**

**제2성+제3성 → 제2성+반 3성**

píngguǒ: 苹果 몡 사과　　　　rúguǒ: 如果 접 만약, 만일

chéngguǒ: 成果 몡 성과, 결과　　nánnǚ píngděng: 男女平等 남녀평등

---

## (2) 주술보 문장

술어(동사/형용사) 뒤에 보어가 오는 문장으로, 동작의 결과가 어떻게 되었는지를 보충설명하거나, 상황에 대한 판단이나 평가를 나타낸다. '술어+결과보어', '술어+得+정도보어', '술어+수량사' 등의 형태가 있다.

> **결과보어:** 주어 + 술어 + 결과보어
> **정도보어:** 주어 + 술어 + 得 + 정도보어
> **수량보어:** 주어 + 술어 + 수량사

**048**

你打错了，我们这儿没有叫张欢的。

Nǐ dǎcuò le, wǒmen zhèr méiyǒu jiào Zhāng Huān de.

MEMO

n d 了, wm zh m
j Zh

**단어**  打 dǎ 图 (전화를) 걸다 | 错 cuò 图 틀리다, 잘못하다 | 叫 jiào 图 (〜라고) 부르다

**해석**  (전화) 잘못 거셨어요, 여기에 장환이라는 사람은 없습니다.

**문제풀이 공략Tip**

'전화를 걸다'라는 뜻의 동사 打 뒤에 '错(잘못하다)'라는 결과보어가 붙은 주술보 문장이다.

你 + 打 + 错了, ……
주어  술어  보어

我们这儿은 '우리가 있는 이곳', 즉 '여기'라는 의미이므로 빠르게 붙여서 읽는다.

**모범답안**  你 / 打错了，我们这儿 / 没有 / 叫张欢的。

 **주의해야 할 발음**

e로 끝나는 음절의 儿화: -e+er(儿)

운모 e로 끝나는 음절은 뒤에 바로 -r을 붙여 儿 발음을 한다.

zhè+er[-r] → zhèr: 这儿 때 여기, 이곳

gē+er[-r] → gēr: 歌儿 명 노래

**049**

您的名字我没写错吧?  Nín de míngzi wǒ méi xiěcuò ba?

MEMO

nn m w m x b?

**단어**  名字 míngzi 명 이름 | 写 xiě 图 쓰다, 적다 | 错 cuò 형 틀리다, 잘못하다

**해석**  당신의 이름을 제가 잘못 쓰지 않았지요?

**문제풀이 공략Tip**

동사 写의 결과(错)를 나타낸 주술보 문장이다.

您的名字 + 我 + 没写 + 错 + 吧?
목적어   주어   술어   보어  조사

'写(쓰다)+错(틀리다)'이므로 '쓰는 동작이 잘못되다', 즉 '잘못 쓰다'라는 의미가 된다. 반대로 '쓰는 동작이 잘되었다', 즉 '정확히 썼다'라는 표현은 '写对(xiěduì)'라고 한다. 반의 표현도 함께 기억해두자.

**모범답안**  您的 / 名字 / 我没写错吧?

**주의해야 할 발음**

제2성+경성

míngzi: 名字 圐 이름     *míngzhì: 明智 圀 현명하다

shénme: 什么 圐 무엇     tóufa: 头发 圐 머리카락, 두발     piányi: 便宜 圀 (값이) 싸다

---

예제 3

🎧 **050**

他的汉语说得很不错。 Tā de Hànyǔ shuō de hěn búcuò.

> MEMO
> ―――――――
> t H sh h b

**단어** 汉语 Hànyǔ 圐 중국어 │ 说 shuō 圄 말하다 │ 不错 búcuò 圀 잘하다

**해석** 그는 중국어를 매우 잘합니다.

문제풀이 **공략Tip**

동사 说의 정도(很不错)를 나타낸 주술보 문장이다.

······ 说 + 得 + 很不错。
　　　　술어　조사　보어

조사 得는 술어 뒤에서 결과나 정도를 나타내는 보어를 연결시키는 역할을 한다. '술어+得+보어' 구조의 문장에서는 보어를 강조해서 읽는다.

**모범답안** 他的 / 汉语 / 说得 / **很不错**。

---

 **주의해야 할 발음**

제4성+제3성

Hànyǔ: 汉语 圐 중국어     tiàowǔ: 跳舞 圄 춤을 추다

xiàwǔ: 下午 圐 오후     bàozhǐ: 报纸 圐 신문, 신문지

---

예제 4

🎧 **051**

你的歌儿唱得真不错! Nǐ de gēr chàng de zhēn búcuò!

> MEMO
> ―――――――
> n g ch zh b

**단어** 歌(儿) gē(r) 圐 노래 │ 唱 chàng 圄 노래하다 │ 真 zhēn 囝 참으로 │ 不错 búcuò 圀 잘하다

**해석** 당신은 노래를 참 잘하네요!

**문제풀이 공략Tip**

동사 唱의 정도(真不错)를 나타낸 주술보 문장이다.

…… 唱 + 得 + 真不错!
　　　술어　조사　　보어

동사 唱 앞에서 길게 끊어 읽고, 보어 부분을 강하게, 그중에서도 真에 강세를 주어 말한다.

**모범답안** 你的 / 歌儿 / 唱得 / 真不错!

**참깐!** 주의해야 할 발음

**c와 ch의 구분**

chàng: 唱 图 노래하다　　　　cháng: 长 图 길다　　　　shōuchǎng: 收场 图 결말을 짓다

cáng: 藏 图 숨다　　　　　　shōucáng: 收藏 图 소장하다

---

예제 5　🎧 052

你等我几分钟。Nǐ děng wǒ jǐ fēn zhōng.

 MEMO

n d w j f

**단어** 等 děng 图 기다리다 | 几 jǐ 图 몇[수가 그리 많지 않을 때 사용함] | 分钟 fēn zhōng 图 분

**해석** 저를 몇 분만 기다려주세요.

**문제풀이 공략Tip**

동사 等의 결과로 지속된 시간(几分钟)을 나타낸 주술보 문장이다.

你 + 等 + 我 + 几分钟。
주어　술어　목적어　　보어

你等我(nǐ děng wǒ)는 '반 3성+제2성+반 3성'으로 읽는다. 보어 앞에서 끊어 읽는다.

**모범답안** 你等我 / 几分钟。

**참깐!** 주의해야 할 발음

**z와 zh의 구분**

fēn zhōng: 分钟 图 분　　　　　　*bènzhòng: 笨重 图 둔중하다, 육중하다

zōng: 宗 图 조상, 종파, 근본　　　　zhōng: 中 图 중심, 중간, 안

zǒngliàng: 总量 图 총(수)량, 전체 수량　　zhòngliàng: 重量 图 중량, 무게

🎧 053

我在那儿住三天。 Wǒ zài nàr zhù sān tiān.

MEMO

w z n zh 3 t

단어   那儿 nàr 때 그곳, 거기 | 住 zhù 통 숙박하다, 묵다 | 天 tiān 명 하루, 날, 일
해석   저는 거기에서 3일 묵었습니다.

**🖋 문제풀이 공략Tip**

동사 住의 결과로 지속된 시간(三天)을 나타낸 주술보 문장이다.

我 + 在那儿 + 住 + 三天。
주어   전치사구   술어   보어

三天은 '제1성+제1성(sān tiān)'이므로 높고 길게 이어서 발음한다.

모범답안   我 / 在那儿 / 住三天。

**🔍 잠깐! 주의해야 할 발음**

**a로 끝나는 음절의 儿화: −a+er(儿)**
운모가 a로 끝나는 음절에는 뒤에 바로 −r을 붙여 儿 발음을 한다.
nà+er[−r] → nàr: 那儿 때 그곳, 거기
huà+er[−r] → huàr: 画儿 명 그림
bǎncā+er[−r] → bǎncār: 板擦儿 명 칠판지우개

## (3) 명사술어문

명사가 술어가 되는 문장이다. 즉 '명사+명사' 구조로 이루어진 문장으로, 주로 시간·날짜·날씨·나이·가격·무게 등을 표현한다. 따라서 문장 안에 수사가 자주 등장하므로, 숫자 관련 표현은 반드시 잘 메모하여 정확히 발음할 수 있도록 해야 한다.

🎧 054

明天星期一。 Míngtiān xīngqīyī.

MEMO

m x 1

단어   明天 míngtiān 명 내일 | 星期一 xīngqīyī 명 월요일
해석   내일은 월요일입니다.

> **문제풀이 공략 Tip**
>
> 요일을 나타내는 대표적인 명사술어문이다.
>
> 明天 + 星期一。
>   주어    술어
>
> 강조하려는 의도가 아니라면 동사 是를 쓰지 않아도 된다. 그러나 명사술어문의 부정형은 반드시 不是를 써서 표현한다. 녹음에서 是(shì)를 넣었는지 안 넣었는지 잘 듣고 발음한다.

**모범답안**  明天 / 星期一。

---

**예제 2**  🎧 **055**

**我今年12岁了。** Wǒ jīnnián shí'èr suì le.

**단어**  今年 jīnnián 몡 올해 | 岁 suì 양 살, 세[연령을 세는 단위]

**해석**  저는 올해 12살이 됐습니다.

> **문제풀이 공략 Tip**
>
> 나이를 나타내는 명사술어문이다.
>
> 我 + 今年 + 12岁了。
> 주어  시간명사  술어
>
> 주어보다 술어 부분을, 그중에서도 수사를 강하게 읽는다. 岁(suì)의 발음은 본래 [suèi]이므로 e(에) 발음에 주의하여 '수이'나 '쑤이'로 잘못 읽지 않도록 한다.

**모범답안**  我 / 今年 / 12岁了。

---

**예제 3**  🎧 **056**

**这个杯子十八块钱。** Zhè ge bēizi shíbā kuài qián.

**단어**  杯子 bēizi 몡 잔, 컵 | 块 kuài 양 위안[중국의 화폐 단위로, 元(yuán)에 상당함] | 钱 qián 몡 돈, 화폐

**해석**  이 컵은 18위안입니다.

> **문제풀이 공략 Tip**
>
> 가격을 말하는 명사술어문이다.
>
> 这个杯子 + 十八块钱。
>   주어        술어
>
> 수사를 강조하여 발음한다. 十八(shíbā)를 sìbā(四八)로 잘못 발음하지 않도록 특히 주의한다.

**모범답안** 这个 / 杯子 / 十八块钱。

**057**

现在都八点四十了。 *Xiànzài dōu bā diǎn sìshí le.*

**단어** 现在 xiànzài 圆 지금, 이제 | 都 dōu 圆 이미, 벌써 | 点 diǎn 圆 시

**해석** 지금 이미 8시 40분이 됐습니다.

> **문제풀이 공략Tip**
>
> 시간을 말하는 명사술어문이다.
>
> 现在 + 都 + 八点四十 + 了。
> 주어   부사   술어   조사
>
> '都~了'는 '已经~了'처럼 '이미/벌써 ~되었다'의 의미다. 都와 시간(八点四十)을 강하게 읽는다.

**모범답안** 现在 / 都 / 八点四十了。

### 잠깐! 주의해야 할 발음

40과 14

sìshí: 四十 图 40

shísì: 十四 图 14   *shìsǐ: 誓死 圆 목숨을 걸고 맹세하다

## (4) 형용사술어문

형용사가 술어가 되어 주어의 상태·상황을 표현하는 문장이다. 특히 회화에서는 말하는 사람의 감정, 처한 상황 혹은 주변 환경에 대해서 서술할 때 많이 사용한다.

**058**

他今天很不高兴。 *Tā jīntiān hěn bù gāoxìng.*

**단어** 今天 jīntiān 圆 오늘 | 高兴 gāoxìng 圆 기쁘다, 즐겁다

**해석** 그는 오늘 기분이 매우 좋지 않습니다.

**문제풀이 공략Tip**

주어의 기분을 서술하는 형용사술어문이다.

他 ＋ 今天 ＋ 很不高兴。
　주어　 시간명사　 술어

'很不～'는 '매우 ～하지 않다'라는 뜻으로, 술어의 부정형을 정도부사 很으로 강조한 형태다.

　　예 很不好 hěn bù hǎo 매우 좋지 않다　　　很不对 hěn bú duì 매우 옳지 않다

이 문장에서는 不를 강하게 읽는다.

**모범답안**　他 / 今天 / 很**不**高兴。

**잠깐! 주의해야 할 발음**

**제4성＋제1성＋제4성**
bù gāoxìng: 不高兴 즐겁지 않다
bù tīnghuà: 不听话 말을 듣지 않다
bù fāngbiàn: 不方便 불편하다

---

예제 2　🎧 059

左边的大，右边的小。 Zuǒbian de dà, yòubian de xiǎo.

MEMO
z d, y x

**단어**　左边 zuǒbian 몡 왼쪽 | 大 dà 혱 크다 | 右边 yòubian 몡 오른쪽 | 小 xiǎo 혱 작다

**해석**　왼쪽 것은 크고, 오른쪽 것은 작습니다.

 **문제풀이 공략Tip**

두 개의 주어를 서로 비교하는 형용사술어문이다.

左边的 ＋ 大，右边的 ＋ 小。
　주어　 술어　　주어　 술어

대비되는 형용사 大, 小를 사용하여 비교하고 있으므로 大와 小를 강하게 읽는다.

**모범답안**　左边的 / **大**，右边的 / **小**。

**잠깐! 주의해야 할 발음**

i → y: 운모 i가 성모 없이 단독으로 음절을 이룰 때에는 i를 y로 표기한다.
iou → you: 优 yōu 우수하다　　　油 yóu 기름
　　　　　　 有 yǒu 있다　　　　　右 yòu 오른쪽

**060**

您好，见到您很高兴。 Nín hǎo, jiàndào nín hěn gāoxìng.

MEMO

nn h, j nn h g

단어 · 见到 jiàndào 동 만나다 | 高兴 gāoxìng 형 기쁘다, 즐겁다

해석 · 안녕하세요, 뵙게 되어 반갑습니다.

### 문제풀이 공략 Tip

주어의 기분을 서술하는 형용사술어문이다.

见到您 + (我) + 很高兴。
　술어+목적어　(주어)　술어2

이 문장에는 我라는 주어가 생략되어 있다. 누군가를 처음 만나거나 소개받았을 때 꼭 쓰는 표현이므로 반드시 알아두자. 很을 강조해서 읽는다.

모범답안 · 您好，见到您 / 很高兴。

---

 **061**

多吃水果对身体好。 Duō chī shuǐguǒ duì shēntǐ hǎo.

MEMO

d ch sh d sh h

단어 · 多 duō 형 많다 | 吃 chī 동 먹다 | 水果 shuǐguǒ 명 과일 | 对 duì 전 ~에 대해 | 身体 shēntǐ 명 몸, 건강

해석 · 과일을 많이 먹으면 몸에 좋습니다.

### 문제풀이 공략 Tip

주어에 대해서 설명하는 형용사술어문이다.

多吃水果 + 对身体 + 好。
　주어　　　전치사구　술어

'A+对+B+好'는 'A가 B에 좋다'라는 표현이고, 부정형은 'A+对+B+不好'다. 对와 好를 강하게 읽는다.

모범답안 · 多吃 / 水果 / 对 / 身体 / 好。

---

###  주의해야 할 발음

**ui [uei]:** ui의 실제 발음은 uei다. 중간에 e(에) 발음이 살짝 숨어 있다는 것을 잊지 말자.

dui [duei]: 堆 duī 양 더미, 무더기　　　对 duì 형 맞다 전 ~에 대해서

shui [shuei]: 水 shuǐ 명 물　　　　　　睡 shuì 동 (잠을) 자다

## (5) 존현문

사람이나 사물의 '존재·출현·소실'을 나타내는 문장을 '존현문'이라고 한다. '장소/시간+술어+사람/사물'의 형태로 많이 쓰이고, 대개 '[장소/시간]에 [사람/사물]이 있다/나타나다/사라지다'라고 해석하면 된다. 有(있다), 来(오다), 发生(발생하다) 등의 동사가 존현문에 많이 나온다.

> A[장소/시간]+술어+B[사람/사물]: A에 B가 있다/나타나다/사라지다

🎧 062

她后面有几个人。 Tā hòumian yǒu jǐ ge rén.

**MEMO**

t h y j r

**단어** 后面 hòumian 몡 뒤 | 几 jǐ 쥐 몇[수가 그리 많지 않을 때 사용함]

**해석** 그녀 뒤에 몇 사람이 있습니다.

> 🔍 문제풀이 공략 **Tip**
>
> 有는 존현문을 만드는 대표 동사다. '~에 …이 있다/존재한다'라는 의미다.
>
> 她后面 + 有 + 几个人。
> 　장소　　술어　목적어[사람]
>
> 有자 존현문의 목적어는 대개 불특정한 사람이나 사물이 된다. 有의 앞과 뒤에서 끊어 읽는다.

**모범답안** 她后面 / 有 / 几个人。

🎧 063

你那儿有杯子吗? Nǐ nàr yǒu bēizi ma?

**MEMO**

n n y b m?

**단어** 那儿 nàr 떼 그곳, 거기 | 杯子 bēizi 몡 컵

**해석** 거기에 컵이 있습니까?

> 🔍 문제풀이 공략 **Tip**
>
> '你+那儿'이 장소를 가리켜 그곳에 사물이 존재함을 나타낸다.
>
> 你那儿 + 有 + 杯子 + 吗?
> 　장소　술어　목적어[사물]　조사
>
> '사람+那儿/这儿'은 '그 사람이 있는 그곳/이곳'의 의미가 된다. 那儿을 강하게 읽는다.

모범답안 你**那儿** / 有 / 杯子吗?

 주의해야 할 발음

bēizi: 杯子 명 컵, 잔

bèizi: 被子 명 이불

 🎧 064

家里有很多苹果。 Jiāli yǒu hěn duō píngguǒ.

MEMO

j y h d p

단어 家里 jiāli 명 집, 집안, 가정 | 苹果 píngguǒ 명 사과

해석 집에 사과가 많이 있습니다.

 문제풀이 공략 **Tip**

有가 술어로 쓰인 존현문이다.

家里 + 有 + 很多苹果。
장소    술어    목적어[사물]

家(집)는 장소일까, 아닐까? 桌子(zhuōzi 탁자)나 椅子(yǐzi 의자)가 장소를 표현하는 말이 되려면 방위사 上(shang)이나 下(xia)를 붙여서 桌子上(탁자 위), 椅子下(의자 밑)라고 해야 하는 것처럼, 家도 방위사를 붙여서 家里(집 안)로 표현해야 장소를 나타내는 말이 된다. 방위사 里(li)는 경성으로, 짧고 가볍게 읽는다. 이 문장에서는 '매우 많다'라는 의미를 강조해야 하므로 很多를 강하게 읽는다.

모범답안 家里 / 有 / **很多** / 苹果。

주의해야 할 발음

**제1성 + 경성**

jiāli: 家里 명 집 안             tāmen: 他们 때 그들

māma: 妈妈 명 엄마             zhuōzi: 桌子 명 탁자

## (6) 겸어문

한 문장 안에 두 개의 동사가 있고, 첫 번째 동사의 목적어가 두 번째 동사의 주어가 되는 형태의 문장을 말한다. 대개 '[주어1]이 [목적어/주어2]를 ~하게 하다/시키다'라는 의미로 해석된다. 앞 동사의 목적어면서 동시에 뒤 동사의 주어가 되는 단어를 '한 단어가 두 가지 역할을 겸한다'고 해서 '겸어'라고 부른다. 동사가 두 개이다 보니, 일반적으로 '겸어'와 두 번째 동사 사이를 살짝 끊어 읽어야 자연스럽다. 겸어문에 자주 쓰이는 동사로는 让, 叫, 令, 使 등이 있다.

> A+동사1+B(목적어/주어2)+동사2 : A가 B를 ~하게 하다/시키다

🎧 065

**他让我去买咖啡。** Tā ràng wǒ qù mǎi kāfēi.

t r w q m k

단어  让 ràng 통 ~하게 하다, ~하도록 시키다 | 去 qù 통 가다 | 买 mǎi 통 사다 | 咖啡 kāfēi 명 커피(coffee)

해석  그는 제게 커피를 사러 가게 했습니다.

🔍 문제풀이 공략 **Tip**

동사 让을 이용한 겸어문이다.

他 + 让 + 我 + 去买 + 咖啡。
주어  술어  겸어  술어2, 3  목적어

첫 번째 주어는 他이고, 목적어면서 두 번째 주어가 되는 겸어는 我다. 즉 他가 我에게 我 뒤에 나오는 동작을 하도록 시켰다는 의미다.

예 他让我说。 Tā ràng wǒ shuō. 그가 내게 말하라고 했다.

이 문장에서는 让을 가장 강하게, 买를 두 번째로 강하게 읽는다.

모범답안  他 / 让我 / 去买 / 咖啡。

🔍 잠깐! **주의해야 할 발음**

qu → [qü]: qu는 본래 발음이 [qü]이므로, '추' 라고 잘못 발음하지 않도록 주의한다.

qù: 去 통 가다                          * qì: 气 명 가스(gas)

qìqǔ: 弃取 통 취사선택하다          qǔ qī: 娶妻 장가를 가다

**예제 2** 🎧 066

爸爸让女儿多运动。 Bàba ràng nǚ'ér duō yùndòng.

**단어** 爸爸 bàba 圐 아빠 | 让 ràng 圐 ~하게 하다, ~하도록 시키다 | 运动 yùndòng 圐 圐 운동(하다)

**해석** 아빠가 딸에게 많이 운동하라고 했습니다.

---

**문제풀이 공략 Tip**

동사 让를 이용한 겸어문이다. 이 문장의 겸어는 女儿이다.

爸爸 + 让 + 女儿 + 多 + 运动。
주어　술어1　겸어　부사어　술어2

겸어문은 중국어에서 사용 빈도가 매우 높고 新HSK 필기시험에도 빈번히 출제되는 문형이므로 초급에서부터 꼼꼼하게 공부해두는 것이 좋다. 让을 강하게 읽는다.

---

**모범답안** 爸爸 / 让女儿 / 多运动。

---

**잠깐! 주의해야 할 발음**

ü → yu: 운모 ü가 성모 없이 단독으로 음절을 이룰 때는 앞에 y를 붙이고 yu로 표기한다.

ün → yun: 晕 yūn 어지럽다　　　　云 yún 구름

允 yǔn 허가하다　　　　运 yùn 움직이다, 운반하다

---

## (7) 비교문

'A가 B보다 ~하다'라고 비교하는 문장으로 'A+比 +B+술어+(보어)'가 기본 형태다. 비교의 결과는 술어로 표현되고, 비교의 구체적인 정도는 술어 뒤에 나온다.

**예제 1** 🎧 067

我比他高。 Wǒ bǐ tā gāo.

**단어** 比 bǐ 圐 ~보다 | 高 gāo 圐 높다, (키가) 크다

**해석** 제가 그보다 (키가) 큽니다.

**문제풀이 공략Tip**

比가 들어간 비교문 구조다.

我 + 比 + 他 + 高。
주어　전치사 목적어 술어

술어 高를 강하게 발음하고, 比와 高 앞에서 끊어 읽는다.

**모범답안** 我 / 比他 / 高。

**잠깐만 주의해야 할 발음**

**g와 k의 구분**

gāo: 高 혱 높다　　　　　　　kào: 靠 동 기대다

gàn: 干 동 일하다　　　　　　kàn: 看 동 보다

kègǔ: 刻骨 혱 뼈에 사무치다　kèkǔ: 刻苦 혱 고생을 참아내다

---

 🎧 **068**

哥哥比我大两岁。 Gēge bǐ wǒ dà liǎng suì.

> **MEMO**
> g b w d 2

**단어** 哥哥 gēge 뎽 형, 오빠 | 比 bǐ 젠 ~보다 | 大 dà 혱 크다 | 两 liǎng 얭 둘 | 岁 suì 얭 세, 살[나이를 세는 단위]

**해석** 형이 저보다 2살 많습니다.

**문제풀이 공략Tip**

比가 들어간 비교문 구조다.

哥哥 + 比 + 我 + 大 + 两岁。
주어　전치사 목적어 술어　보어

술어 大를 강하게 읽고, 比와 大 앞에서 끊어 읽는다. 형용사 大는 '(부피가) 크다'라는 뜻 이외에 '(나이가) 많다'는 뜻으로도 쓰인다. 비교의 결과인 구체적인 정도는 술어 大 뒤에 수량사로 표현한다.

예 我比你大三岁。 Wǒ bǐ nǐ dà sān suì. 내가 너보다 3살 많다.

**모범답안** 哥哥 / 比我 / 大两岁。

**잠깐만  주의해야 할 발음**

**ui [uei]:** ui의 실제 발음은 uei다. 중간에 e(에) 발음이 살짝 숨어 있다는 것을 잊지 말자.

sui [suei]: 虽 suī 비록 ~지만　　　随 suí 따르다

　　　　　 髓 suǐ 골수　　　　　　岁 suì 살, 세

# 실전테스트

## [1-10] 听后重复 🎧 069

1. 🎧

2. 🎧

3. 🎧

4. 🎧

5. 🎧

**6.** 🎧

**7.** 🎧

**8.** 🎧

**9.** 🎧

**10.** 🎧

**1**

🎧
这是我做的中国菜。 Zhè shì wǒ zuò de Zhōngguócài.

**단어** 做 zuò 图 하다, 만들다 | 中国菜 Zhōngguócài 图 중국요리(음식)

**해석** 이것은 제가 만든 중국음식이에요.

**문제풀이 공략Tip**
'A는 B이다' 형태의 是자 술목 문장이다. 술어 뒤에서 끊어 읽고, 상대적으로 주어가 짧고 목적어부가 길기 때문에 관형어와 목적어 사이를 한 번 더 끊어 읽는 것이 좋다.

**모범답안** 这是 / 我做的 / 中国菜。

**2**

🎧
中午朋友送了我两本书。 Zhōngwǔ péngyou sòngle wǒ liǎng běn shū.

**단어** 中午 zhōngwǔ 图 정오, 점심 때 | 朋友 péngyou 图 친구 | 送 sòng 图 보내다, 선물하다 | 本 běn 图 권[책·잡지 등을 세는 단위] | 书 shū 图 책

**해석** 점심에 친구가 저에게 책 두 권을 주었습니다.

**문제풀이 공략Tip**
送은 사람(我)과 사물(两本书), 두 개의 목적어를 가질 수 있는 동사다. 送을 강하게 읽는다.

**모범답안** 中午 / 朋友 / 送了我 / 两本书。

**3**

🎧
他跳得真不错！ Tā tiào de zhēn búcuò!

**단어** 跳 tiào 图 뛰다, 도약하다 | 真 zhēn 图 참으로, 진실로 | 不错 búcuò 图 좋다, 괜찮다, 잘하다

**해석** 그는 참 잘 뜁니다.

**모범답안** 他跳得 / 真不错!

**4**

🎧
明天我不上班。Míngtiān wǒ bú shàngbān.

**단어** 明天 míngtiān 뗑 내일 | 上班 shàngbān 동 출근하다
**해석** 내일 저는 출근을 안 합니다.

**문제풀이** 공략 **Tip**

이 문장은 주술목 문장의 부정형이다. 부정부사 不 앞에서 끊어 읽는다. 上班은 동사 上(〜을 하다)과 명사 班(근무)이 합쳐진 이합동사다. 반대말은 下班(xiàbān 퇴근하다)이다.

**모범답안** 明天我 / 不上班。

**5**

🎧
我女儿今年七岁。Wǒ nǚ'ér jīnnián qī suì.

**단어** 女儿 nǚ'ér 뗑 딸 | 今年 jīnnián 뗑 올해, 금년 | 岁 suì 양 세, 살[나이를 세는 단위]
**해석** 제 딸은 올해 7살입니다.

**문제풀이** 공략 **Tip**

술어 是가 생략되고, '명사+명사' 형태로 이루어진 명사술어문이다. 나이·가격·날짜 등을 말할 때 많이 사용하므로 수사를 강조해서 읽는 것이 좋다.

**모범답안** 我女儿 / 今年七岁。

## 6

大家很喜欢他们。 Dàjiā hěn xǐhuan tāmen.

**단어** 大家 dàjiā 때 모두, 다들[일정 범위 내의 모든 사람을 가리킴] | 喜欢 xǐhuan 됨 좋아하다

**해석** 모두가 그들을 좋아합니다.

### 문제풀이 공략Tip

'A+喜欢+B'는 'A가 B를 좋아한다'는 의미로, 주술목 문장이다. 很은 일반적으로 동작동사를 수식하지 않지만, 심리 활동을 나타내는 동사는 수식할 수 있다.

| 동작동사 (很과 함께 쓸 수 없다) | 심리동사 (很의 수식을 받는다) |
|---|---|
| 예 吃 chī 먹다 → 很吃 (×)<br>走 zǒu 가다 → 很走 (×)<br>跳 tiào 뛰다 → 很跳 (×) | 예 喜欢 xǐhuan 좋아하다 → 很喜欢 (○)<br>爱 ài 사랑하다 → 很爱 (○)<br>生气 shēngqì 화내다 → 很生气 (○)<br>愿意 yuànyì 원하다 → 很愿意 (○) |

이 문장에서는 很을 강하게 읽는다.

**모범답안** 大家 / 很喜欢 / 他们。

## 7

教室里有几个学生。 Jiàoshì li yǒu jǐ ge xuésheng.

**단어** 教室 jiàoshì 명 교실 | 几 jǐ 수 몇[수가 그리 많지 않을 때 사용함] | 学生 xuésheng 명 학생

**해석** 교실 안에 학생이 몇 명 있습니다.

### 문제풀이 공략Tip

有는 존현문을 만드는 대표 동사다. '장소+有+(불특정한) 사물'의 형태로, '~에 …이 있다/존재한다'라는 의미를 나타낸다. 学生의 生(sheng)은 경성으로 짧고 가볍게 읽고, shēng으로 잘못 발음하지 않도록 주의한다.

**모범답안** 教室里 / 有 / 几个学生。

## 8

妈妈让我买鸡蛋回来。 Māma ràng wǒ mǎi jīdàn huílai.

단어 　妈妈 māma 명 엄마 ┃ 让 ràng 동 ~하게 하다, ~하도록 시키다 ┃ 买 mǎi 동 사다 ┃ 鸡蛋 jīdàn 명 계란, 달걀 ┃ 回来 huílai 동 돌아오다

해석 　엄마가 제게 계란을 사오라고 시키셨습니다.

---

🔖 문제풀이 공략Tip

첫 번째 주어는 妈妈이고, 술어 让의 목적어이면서 두 번째 주어가 되는 겸어는 我다. 즉 妈妈가 我에게 买鸡蛋回来(계란을 사오다)하도록 시켰다는 의미의 겸어문이다. 겸어 뒤에서 끊어 읽어야 자연스럽다.

모범답안 　妈妈让我 / 买鸡蛋 / 回来。

---

## 9

🎧 这个菜比那个好吃。 Zhè ge cài bǐ nà ge hǎochī.

MEMO
zh c b n h

단어 　菜 cài 명 반찬, 요리 ┃ 比 bǐ 전 ~보다 ┃ 好吃 hǎochī 형 맛있다

해석 　이 음식이 그것보다 맛있습니다.

---

🔖 문제풀이 공략Tip

'A는 B보다 ~하다'라고 비교하는 문장으로, 결과는 술어로 표현한다. 比의 앞과 술어 앞에서 끊어 읽는다.

모범답안 　这个菜 / 比那个 / 好吃。

---

## 10

🎧 你今天学的东西真不少。 Nǐ jīntiān xué de dōngxi zhēn bù shǎo.

MEMO
n j x d zh b

단어 　今天 jīntiān 명 오늘 ┃ 学 xué 동 배우다 ┃ 东西 dōngxi 명 물건, 것 ┃ 真 zhēn 부 참으로, 진실로 ┃ 不少 bù shǎo 적지 않다, 많다

해석 　당신은 오늘 배운 것이 정말 많네요.

---

🔖 문제풀이 공략Tip

형용사가 술어가 되어 상황을 설명하는 형용사술어문이다. 부사 真이 형용사구 不少를 수식하여 강조하고 있으므로, 真을 강하게 읽고, 真 앞에서 끊어 읽는다.

모범답안 　你今天 / 学的东西 / 真不少。

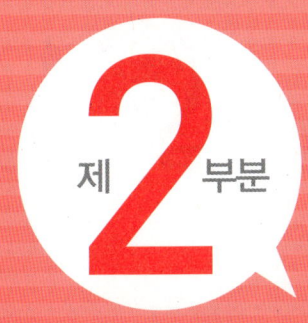

# 听后回答

## 듣고 대답하기

---

**1** 听后回答
문제 유형 살펴보기

'듣고 대답하기(听后回答)'는 시험장에서 방송으로 들려주는 원어민의 질문을 듣고 응시자가 대답하는 형식이다. 듣고 답하는 문제로, 시험지에는 문제가 제시되어 있지 않다. 문제 수는 모두 10문항이고, 문제와 문제 사이의 간격은 약 10초다. 질문이 방송되는 시간은 5초 이하이고, 응시자는 다음 문제가 나오기 전까지 10초 동안 녹음을 하면 된다. 질문의 내용은 초급 수준의 학습자가 반드시 배워야할 일상적인 것들로, 난이도는 중하 수준으로 구성된다. 질문에 따라 긍정형, 부정형 등 다양한 답을 할 수 있다.

문제
엿보기

**🎧 070**

你是 / 学生吗? Nǐ shì xuésheng ma?

**단어** 学生 xuésheng 명 학생
**해석** 당신은 학생입니까?

**모범답안**                                      **🎧 071**

❶ 是，我是 / 学生。Shì, wǒ shì xuésheng. 네, 저는 학생입니다.
❷ 我不是 / 学生。Wǒ bú shì xuésheng. 저는 학생이 아닙니다.

# 2 听后回答
## 문제 공략법

### (1) 또박또박 정확한 발음으로 녹음한다.

한 문제, 즉 하나의 질문이 방송되는데 3~4초 가량 소요되고, 다음 문제가 방송되기까지 약 10초의 시간이 응시자에게 주어진다. 따라서 응시자는 이 시간을 충분히 활용하여 서두르지 말고 또박또박 정확한 발음으로 녹음해야 한다.

### (2) 가급적 녹음기를 되감지 않는다.

제2부분도 제1부분과 마찬가지로 녹음기를 녹음 상태에서 손대지 않는 것이 좋다. 만약 잘못 발음한 것이 있다면, 그 상태에서 다음 문제가 나오기 전에 서둘러 다시 한 번 말한다. 10여 초의 시간은 재녹음을 할 수는 있지만 녹음기를 정확히 조작하여 편집하기에는 불충분한 시간이다. 실제로 시험장에서 실수한 부분을 삭제하려고 녹음기를 조작하다가 시간만 낭비하고 다음 시험 과정을 망치는 응시자를 흔히 볼 수 있다. 작은 실수에는 담대하게 대처하는 과감성이 필요하다.

### (3) 들으면서 메모한다.

질문 내용을 정확히 파악하고 기억하기 위해서는 녹음을 들으면서 받아 적는 습관을 들이는 것이 좋다. 처음부터 끝까지 다 적는 것이 불가능하다면 간단하게 첫소리라도 기록하고, 특히 주어와 의문사에 주의한다. 들은 질문이 눈으로 확인되면 보다 쉽고 확실하게 대답할 수 있다. 질문을 듣는 즉시 적당한 답이 떠오른다면 바로 메모하여두자! 대답하기가 한결 쉬워진다.

---

예 | 녹음내용 | 你什么时候回家? Nǐ shénme shíhou huíjiā?
➡ 질문메모 | n  sh    h j
➡ 답메모 | 6 d (= 六点。Liù diǎn.)

---

## (4) 의문사에 집중하고 대체 가능한 단어를 떠올린다.

문제를 듣고 바로 답해야 하기 때문에, 자신의 의견을 밝혀야 하는 복잡한 문제는 나오지 않는다. 따라서 단답형 문제들이 대부분인데, 이런 경우 의문사에 따라 답이 달라진다. 吗를 사용한 질문에는 의문조사 吗를 삭제하는 것만으로도 답이 될 수 있고, 几点/几个/几号 등이 들어간 질문은 의문사 几 자리에 수사를 넣는 것만으로도 답이 된다. 이처럼 의문사에 집중하여 듣고, 대체 가능한 단어를 떠올려서 의문사 자리에 삽입함으로써 간단하게 답할 수 있다.

### 제2부분 스피드 대답 요령

① 你로 시작되는 질문은 주어를 我로 바꾸어 답한다.

② 질문에서 吗, 呢, 吧 등의 의문조사는 대답할 때 삭제한다.

③ 什么, 几, 哪儿, 怎么 등의 의문사가 사용된 질문에는 의문사 자리에 대체 가능한 내용을 삽입하여 답한다.

④ 술어의 정반의문문(긍정형+부정형)에는 긍정형과 부정형 중 한쪽만 선택하여 답한다.

⑤ 질문에 대답을 할 때는 가능한 한 완전한 문장으로 답한다. 단답형으로 답하는 것보다는 완전한 문장으로 대답하는 것이 채점자로 하여금 응시자가 문제를 정확히 듣고 이해했으며 표현력이 뛰어나다고 느끼게 하므로 고득점을 받을 수 있다.

> 예 질 문 　你喜欢看电影吗? Nǐ xǐhuan kàn diànyǐng ma?
>
> ➡ 답 　喜欢。Xǐhuan. (△)
>
> 　　　我很喜欢看电影。Wǒ hěn xǐhuan kàn diànyǐng. (○)

⑥ 응용력과 상상력을 발휘하고 긍정적인 방향으로 대답한다. 채점자가 궁금한 것은 응시자의 실제 정보가 아니라 표현력이므로, 기존 학습내용을 십분 활용하고 응용력과 상상력을 발휘하여 사실과 다르더라도 자유롭게 답을 구성하여보자. 더불어 부정적인 내용보다는 긍정적인 내용으로 답을 하는 것이 채점자에게 좋은 인상을 주어 좋은 점수를 받을 수 있다.

> 예 질 문 　你家有几口人? Nǐ jiā yǒu jǐ kǒu rén?
>
> ➡ 답 　三口人。Sān kǒu rén. (△)
>
> 　　　我家有三口人，爸爸、妈妈和我。
> 　　　Wǒ jiā yǒu sān kǒu rén, bàba、māma hé wǒ. (○)

⑦ 답할 때는 문장의 끝(어기)을 내려(↘) 말한다.

## (5) 질문을 유형별로 정리하여 연습한다.

연습할 때는 들려주는 질문의 유형을 파악하여 각 유형에 맞는 적절한 답을 그때그때 유창하게 말할 수 있도록 훈련한다. 대답할 때는 내용은 물론이고, 단어의 발음, 강세와 끊어 읽기에도 유의한다.

| 1단계 | 질문 유형 파악 |

↓

| 2단계 | 유형별 답안 작성 |

↓

| 3단계 | 낭독 연습 |

# 3 听后回答
## 질문 유형별 문제 공략

## (1) 일반의문문 ('~吗/吧?'를 사용한 의문문)

### ❶ 어기조사 吗(ma)를 사용한 의문문

질문은 문장 맨 끝에 吗를 붙인 형태로 나오며, 대개 모르는 사실에 대한 대답을 요구한다. 대답할 때는 서두에 술어의 긍정형이나 부정형을 사용하여 결론부터 짧게 답한 뒤 문장을 연이어 말할 수도 있고, 바로 구체적인 문장 형태로 답할 수도 있다. 물론 술어의 긍정형이나 부정형만으로도 대답이 되기는 하지만, 너무 짧은 답은 유창하지 못하다는 인상을 주므로 평소에도 가급적 완전한 문장으로 답하는 연습을 하는 것이 좋다. 긍정형으로 대답할 때는 吗를 빼면 되고, 부정형 대답은 술어에 따라 앞에 不나 没(有)를 붙이면 된다.

**🎧 072**

明天你有 / 时间 / 吗? Míngtiān nǐ yǒu shíjiān ma?

**단어** 明天 míngtiān 몡 내일 │ 时间 shíjiān 몡 시간

**해석** 내일 (당신) 시간 있나요?

> **문제풀이 공략Tip**
>
> 술어가 有이므로, 답을 할 때는 吗를 뺀 상태에서 긍정형은 有로, 부정형은 没有로 답한다. 有는 不로 부정하지 않는다는 점에 주의한다. 시간명사는 주어의 앞과 뒤에 모두 올 수 있기 때문에, '我明天~'이라고 답할 수도 있다.

**모범답안**　　　　　　　　　　　　　　　　　　　　　🎧 073

❶ 긍정형 대답

(有,) 明天我有 / 时间。(Yǒu,) Míngtiān wǒ yǒu shíjiān.

(있습니다,) 내일 (저는) 시간이 있습니다.

❷ 부정형 대답

(没有,) 明天我没有 / 时间。(Méiyǒu,) Míngtiān wǒ méiyǒu shíjiān.

(없습니다,) 내일 (저는) 시간이 없습니다.

**🎧 074**

你家 / 离学校 / 远吗? Nǐ jiā lí xuéxiào yuǎn ma?

**단어**  家 jiā 명 집 | 离 lí 전 ~에서, ~로부터 | 学校 xuéxiào 명 학교 | 远 yuǎn 형 멀다

**해석**  당신의 집은 학교에서 멉니까?

---

**문제풀이 공략Tip**

먼저 주어 你를 我로 바꾼 다음, 긍정형 대답은 吗만 빼고 그대로 말하면 된다. 멀다는 것을 강조하고 싶으면 형용사 远 앞에 정도부사 很을 붙여 我家离学校很远이라고 표현해도 된다. 이때는 很을 강조하여 말한다. 부정형 대답은 술어 远 앞에 부정부사 不를 붙인다.

---

**모범답안**  🎧075

**❶ 긍정형 대답**

　我家 / 离学校 / (很)远。 Wǒ jiā lí xuéxiào (hěn) yuǎn.  우리 집은 학교에서 (매우) 멉니다.

**❷ 부정형 대답**

　我家 / 离学校 / 不远。 Wǒ jiā lí xuéxiào bù yuǎn.  우리 집은 학교에서 멀지 않습니다.

---

🎧076

**你会 / 开车 / 吗? Nǐ huì kāichē ma?**

---

**단어**  会 huì 조동 ~할 수 있다, ~할 것이다 | 开车 kāichē 동 운전하다

**해석**  당신은 운전할 줄 압니까?

---

**문제풀이 공략Tip**

질문에서 你는 我로 바꾸고 문장 끝의 吗를 삭제하면 바로 긍정형 답이 된다. 부정형으로 답을 하려면 조동사가 있는 문장이므로 부정부사 不를 조동사 앞에 붙이면 된다. 会(huì)가 제4성이므로 会 앞의 不는 제2성(bú)으로 발음한다.

---

**모범답안**  🎧077

**❶ 긍정형 대답**

　我会 / 开车。 Wǒ huì kāichē.  저는 운전할 줄 알아요.

**❷ 부정형 대답**

　我不会 / 开车。 Wǒ bú huì kāichē.  저는 운전할 줄 몰라요. (저는 운전 못해요.)

---

**❷ '~, 好(hǎo)吗 / 行(xíng)吗?'를 사용한 의문문**

질문은 문장 끝에 '好吗?'나 '行吗?'를 붙인 형태로 나온다. 好吗나 行吗를 사용하면 상대방에게 '~하는 것 어때요/좋아요?'라고 의견을 묻거나, 부탁 또는 동의를 구하는 표현이 된다. 대답할 때는 '好/不好', '行/不行', '知道了(zhīdào le 알겠어요)' 등으로 의사를 밝힌 후, 뒤에 추가 설명을 덧붙이는 것이 좋다.

🎧 **078**

介绍 / 你的爱好，好吗？ Jièshào nǐ de àihào, hǎo ma?

**단어** 介绍 jièshào 통 소개하다 | 爱好 àihào 명 취미

**해석** 당신의 취미를 소개해주시겠어요?

### 문제풀이 공략Tip

好吗를 사용하여 소개를 요청하고 있다. 긍정형 대답은 你를 我로 바꿔서 '我的爱好是～'라고 자신의 취미를 넣어서 말한다. 好(좋아요/OK)'라고 운을 떼고 답을 시작할 수도 있다. 就을 동사 是 앞에 넣어서 '바로 ～이다'라고 강조할 수 있다. 만약 취미가 없다면 有의 부정형은 没有이므로 我没有爱好라고 대답한다. 무조건 不를 써서 我不有爱好라고 틀리게 답하지 않도록 주의한다.

### 모범답안

🎧 **079**

**❶ 취미가 독서일 경우**

好，我的爱好 / 是看书。 Hǎo, wǒ de àihào shì kàn shū. 네(좋아요), 제 취미는 독서입니다.

**❷ 취미가 음악감상일 경우**

我的爱好 / 就是听音乐。 Wǒ de àihào jiù shì tīng yīnyuè. 제 취미는 바로 음악감상입니다.

**❸ 취미가 없을 경우**

我没有 / 爱好。 Wǒ méiyǒu àihào. 저는 취미가 없습니다.

**단어** 看书 kàn shū 책을 보다, 독서하다 | 听音乐 tīng yīnyuè 음악을 듣다, 음악감상하다

---

🎧 **080**

我想 / 借用 / 你的铅笔，行吗？ Wǒ xiǎng jièyòng nǐ de qiānbǐ, xíng ma?

**단어** 想 xiǎng 조동 ～하고 싶다, ～하려고 한다 | 借用 jièyòng 통 빌려 쓰다 | 铅笔 qiānbǐ 명 연필 | 行 xíng 통 (～해도) 좋다

**해석** 제가 당신 연필을 빌려 써도 될까요? (연필 좀 빌려줄래요?)

### 문제풀이 공략Tip

行吗를 사용하면 허가나 허락을 청하는 문장이 된다. 긍정형 대답은 吗를 빼고 行(됩니다/OK)이라고 하거나, 可以(kěyǐ 좋습니다)라고 하면 된다. 부정형 대답은 不行/不可以(안 돼요)로 할 수도 있지만, 对不起(미안합니다)로 시작하고 뒤에 부연 설명을 붙여서 거절의 이유를 밝히면 예의바르다는 인상을 줄 수 있다.

**모범답안**　　　　　　　　　　　　　　　　　🎧 **081**

❶ **긍정형 대답**

行，你 / 用吧。 Xíng, nǐ yòng ba.　네, 당신 쓰세요.

❷ **부정형 대답 1**

对不起，我现在 / 用呢。 Duìbuqǐ, wǒ xiànzài yòng ne.　미안해요, 제가 지금 쓰고 있어요.

❸ **부정형 대답 2**

不行，对不起。 Bù xíng, duìbuqǐ.　안 돼요, 미안해요.

**단어**　用 yòng 통 사용하다, 쓰다 | 对不起 duìbuqǐ 미안하다 | 现在 xiànzài 명 지금, 이제

### ❸ 어기조사 吧(ba)를 사용한 의문문

질문은 일반문 끝에 吧를 붙인 형태로 나온다. 자신의 제의 · 청유 · 기대 · 명령 · 추측 등에 대한 상대방의 동의나 확인을 구하는데 쓰인다. 吧를 사용해 추측에 대해 확인하려는 질문은 주어 你를 我로 바꿔주고 吧를 삭제하면 바로 답이 될 수 있다. 하지만 동의를 구하려는 질문에 답할 때는 好, 可以, 对不起 같은 말로 의사를 밝히고, 문미의 吧를 살려 '(그래,) ~ 하자'라는 허락 · 허가의 의미를 나타낼 수도 있다.

**예제 1**　🎧 **082**

你 / 喜欢 / 吃西瓜吧? Nǐ xǐhuan chī xīguā ba?

**단어**　喜欢 xǐhuan 통 좋아하다 | 吃 chī 통 먹다 | 西瓜 xīguā 명 수박

**해석**　당신 수박(먹는 것)을 좋아하지요?

> 🔖 **문제풀이 공략Tip**
>
> 吧를 이용해 자신이 추측한 상황에 대해 확인하려는 질문이다. 你를 我로 바꾸고, 吧를 없애면 바로 답이 된다. 강조하기 위해서는 술어 喜欢 앞에 정도부사 很을 붙이면 된다.

**모범답안**　　　　　　　　　　　　　　　　　🎧 **083**

❶ **긍정형 대답**

我 / (很)喜欢 / 吃西瓜。 Wǒ (hěn) xǐhuan chī xīguā.

저는 수박(먹는 것)을 (아주) 좋아해요. (저는 수박을 즐겨 먹어요.)

❷ **부정형 대답**

我 / 不太喜欢 / 吃西瓜。 Wǒ bú tài xǐhuan chī xīguā.

저는 수박(먹는 것)을 그다지 좋아하지 않습니다. (저는 수박을 별로 안 좋아합니다.)

**단어**　不太 bú tài 별로, 그다지

**🎧084**

**你 / 吃过 / 中国菜 / 吧?** Nǐ chīguo Zhōngguócài ba?

**단어** 吃 chī 图 먹다 | 过 guo 图 ~한 적이 있다 | 中国菜 Zhōngguócài 图 중국요리, 중국음식

**해석** 당신은 중국요리를 먹어봤지요?

> **🔖 문제풀이 공략Tip**
>
> 吧를 사용하여 자신이 알고 있는 사실을 확인하는 문장이다. 你를 我로 바꾸고, 吧를 없애면 바로 긍정형 답이 된다. 과거의 경험을 나타내는 조사 过를 사용했으므로, 부정형으로 답할 때는 술어 吃 앞에 没(有)를 붙여야 한다.

> **모범답안** **🎧085**
>
> **① 긍정형 대답**
> 我吃过 / 中国菜。 Wǒ chīguo Zhōngguócài.
> 저는 중국요리를 먹어봤습니다.
> **② 부정형 대답**
> 我 / 没(有) / 吃过 / 中国菜。 Wǒ méiyǒu chīguo Zhōngguócài.
> 저는 중국요리를 못 먹어봤습니다.

## (2) 정반의문문

의문대사나 어기조사 吗, 吧를 사용하지 않고, 술어의 긍정형과 부정형을 병렬하여 만든 의문문이다. 이런 질문에 답할 때는 긍정형은 '주어+(부사어)+술어+(목적어)'로, 부정형은 '주어+부정부사+술어+(목적어)' 형태를 사용한다.

**🎧086**

**你 / 最近 / 忙不忙?** Nǐ zuìjìn máng bu máng?

**단어** 最近 zuìjìn 图 최근 | 忙 máng 图 바쁘다

**해석** 당신은 요즘 바쁩니까?

> **🔖 문제풀이 공략Tip**
>
> 형용사 忙의 긍정형과 부정형이 병렬된 정반의문문이다. 형용사술어문에서는 일반적으로 정도부사 很을 술어 앞에 붙인다. 따라서 긍정형으로 답할 때는 你를 我로 바꾸고, 很을 忙 앞에 붙이는 것이 좋다. 부정문에서는 정도를 강조할 필요가 없다면 很을 붙이지 않는다.

**모범답안** 🎧087

**❶ 긍정형 대답**

我 / 最近 / 很忙。 Wǒ zuìjìn hěn máng.  저는 요즘 바쁩니다.

**❷ 부정형 대답**

我 / 最近 / 不忙。 Wǒ zuìjìn bù máng.  저는 요즘 바쁘지 않습니다.

---

🎧088

**你会不会 / 说英语?** Nǐ huì bu huì shuō Yīngyǔ?

**단어**  会 huì [조동] ~할 수 있다, ~할 것이다 | 说 shuō [동] 말하다 | 英语 Yīngyǔ [명] 영어

**해석**  당신은 영어를 할 줄 아나요?

> **문제풀이 공략Tip**
>
> 조동사 会를 이용한 정반의문문이다. 문장 안에 조동사가 있을 때는 술어 대신 조동사로 정반의문문을 만든다.
>
> 你要喝咖啡吗?  Nǐ yào hē kāfēi ma?  당신 커피 드실래요?
>
> → 你要不要喝咖啡?  Nǐ yào bu yào hē kāfēi?
>
> 你会说法语吗?  Nǐ huì shuō Fǎyǔ ma?  당신은 프랑스어를 할 줄 압니까?
>
> → 你会不会说法语?  Nǐ huì bu huì shuō Fǎyǔ?
>
> 긍정형으로 답할 때는 不를 빼고, '조동사(会)+술어(说)+목적어(英语)' 형태로 답하고, 부정형으로 답할 때 '不+조동사(会)+술어(说)+목적어(英语)'로 한다.

**모범답안** 🎧089

**❶ 긍정형 대답**

我会说英语。 Wǒ huì shuō Yīngyǔ.  저는 영어를 할 줄 압니다.

**❷ 부정형 대답**

我不会说 / 英语。 Wǒ bú huì shuō Yīngyǔ.  저는 영어를 못합니다.

---

🔍 **알아두세요!**

※ 조동사의 부정형

- 能 (능력·상황이 되어) ~할 수 있다 ↔ 不能 ~할 수 없다
- 要 ① (의지를 가지고) ~하려 한다 ↔ 不想 ~하려 하지 않는다/하고 싶지 않다
  ② (필요에 의해) ~해야 한다 ↔ 不用 ~할 필요가 없다
  ※ 不要 [금지] ~해서는 안 된다, ~하지 마라
- 可以 ① [가능] ~할 수 있다 ↔ 不能 ~할 수 없다
  ② [허가] ~해도 된다 ↔ 不可以 / 不行 ~하면 안 된다/허가하지 않는다

🎧 090

你 / 知不知道 / 鲁迅? Nǐ zhī bu zhīdào Lǔ Xùn?

**단어** 知道 zhīdào 图 알다, 이해하다 | 鲁迅 Lǔ Xùn 고유 루쉰[중국 작가]

**해석** 당신은 루쉰을 아시나요?

🔖 문제풀이 공략Tip

술어 知道를 이용한 정반의문문이다. 知道와 같은 AB식 2음절 동사는 'A+不+AB'의 형태로 정반의문문을 만든다.

예 喜不喜欢 xǐ bu xǐhuan 좋아하는지 아닌지
认不认识 rèn bu rènshi 아는지 모르는지
参不参加 cān bu cānjiā 참가하는지 안 하는지

대답할 때는 你를 我로 바꾸고, 부정형 대답에는 술어 知道 앞에 부정부사 不를 붙인다. 知道와 같은 심리 · 지각동사는 没로 부정할 수 없다.

**모범답안**                                                              🎧 091

❶ 긍정형 대답

我 / 知道 / 鲁迅。Wǒ zhīdào Lǔ Xùn. 저는 루쉰을 압니다.

❷ 부정형 대답

我 / 不知道 / 鲁迅。Wǒ bù zhīdào Lǔ Xùn. 저는 루쉰을 모릅니다.

🎧 092

你舞 / 跳得 / 好不好? Nǐ wǔ tiào de hǎo bu hǎo?

**단어** 舞 wǔ 图 춤 | 跳 tiào 图 (깡충) 뛰다, (춤을) 추다

**해석** 당신은 춤을 잘 춥니까?

🔖 문제풀이 공략Tip

술어 跳의 정도보어 好의 긍정형과 부정형을 병렬한 의문문이다. 정도보어가 되는 성분은 대부분 형용사이기 때문에 형용사술어문의 정반의문문과 같은 형태가 된다.

예 他说得流利不流利? Tā shuō de liúlì bu liúlì? 그는 유창하게 말하나요?
他来得晚不晚? Tā lái de wǎn bu wǎn? 그는 늦게 왔나요?
你吃得饱不饱? Nǐ chī de bǎo bu bǎo? 당신은 배부르게 먹었나요?

대답할 때는 보어 부분을 긍정형이나 부정형으로 표현하면 된다.

**모범답안**

**❶ 긍정형 대답**

我舞 / 跳得 / 好。Wǒ wǔ tiào de hǎo.  저는 춤을 잘 춥니다.

**❷ 부정형 대답**

我舞 / 跳得 / 不好。Wǒ wǔ tiào de bù hǎo.  저는 춤을 잘 못 춥니다.

## (3) 특수의문문 (의문사를 사용한 의문문)

누가(谁), 언제(什么时候), 어디서(哪儿), 무엇을(什么), 왜(为什么), 어떻게(怎么) 등과 같은 의문사를 사용한 의문문이다. 일반적으로 吗, 吧 등의 어기조사는 붙이지 않는다. 묻고자 하는 내용이 들어갈 자리에 의문사를 사용하였기 때문에, 대답할 때는 의문사 자리에 답이 되는 적절한 말을 넣고 그 부분을 강조하여 말하면 된다. 어순에는 변화가 없다. 질문을 듣고 적절한 답을 즉각적으로 표현하기 위해서는 각각의 의문사를 대체할 수 있는 단어들을 확보해야 하므로, 평소에 新HSK 필수어휘를 기본으로 폭넓은 어휘학습이 선행되어야 한다. 대답할 때는 언제나 단답형이 아니라 완전한 문장으로 답해, 자신의 어휘력·문장구사력을 조금이라도 더 많이! 정확히! 표현해야 고득점을 받을 수 있다.

### ❶ 谁(shéi)를 사용한 의문문

사람이 들어갈 자리에 '누구'라는 의미의 의문대사 谁를 넣은 의문문이다. 행위의 주체나 대상이 되는 인물을 물을 때 사용한다. 谁 자리에 사람을 넣어서 답한다.

**谁 자리에 쓸 수 있는 단어**

| 가족: | 我 wǒ 나 | 妻子 qīzi 아내 | 丈夫 zhàngfu 남편 |
| | 儿子 érzi 아들 | 女儿 nǚér 딸 | 爸爸 bàba 아빠 |
| | 妈妈 māma 엄마 | 哥哥 gēge 오빠, 형 | 弟弟 dìdi 남동생 |
| | 妹妹 mèimei 여동생 | 姐姐 jiějie 언니, 누나 | |
| 기타: | 朋友 péngyou 친구 | 老师 lǎoshī 선생님 | 同事 tóngshì 직장동료 |
| | 老板 lǎobǎn 사장 | 上司 shàngsī 상사 | 下属 xiàshǔ 부하직원 |

094

你现在 / 跟谁一起生活? Nǐ xiànzài gēn shéi yìqǐ shēnghuó?

**단어** 现在 xiànzài 명 현재, 지금 | 跟 gēn 전 ~와, ~과 | 谁 shéi 대 누구 | 一起 yìqǐ 부 함께 | 生活 shēnghuó 동 생활하다

**해석** 당신은 현재 누구와 함께 생활합니까?

**문제풀이 공략Tip**

谁 자리에 같이 살고 있는 인물을 넣어서 답을 하면 된다.

**모범답안**                                                          095

❶ 가족과 함께 살 경우

我现在 / 跟家人一起生活。Wǒ xiànzài gēn jiārén yìqǐ shēnghuó.

저는 현재 가족과 함께 생활합니다.

❷ 친구와 함께 살 경우

我现在 / 跟朋友一起生活。Wǒ xiànzài gēn péngyou yìqǐ shēnghuó.

저는 현재 친구와 함께 생활합니다.

❸ 혼자 살 경우

我现在 / 一个人生活。Wǒ xiànzài yí ge rén shēnghuó.

저는 현재 혼자 생활합니다.

**단어** 家人 jiārén 명 가족 | 朋友 péngyou 명 친구 | 一个人 yí ge rén 한 사람, 혼자

096

谁 / 教你汉语? Shéi jiāo nǐ Hànyǔ?

**단어** 谁 shéi 대 누구 | 教 jiāo 동 가르치다 | 汉语 Hànyǔ 명 중국어

**해석** 누가 당신에게 중국어를 가르칩니까?

**문제풀이 공략Tip**

教가 술어인 주술목 문형으로, 누가 중국어를 가르치는지를 묻고 있다. 谁 자리에 중국어를 가르칠 수 있는 적당한 인물을 넣어서 답을 하면 된다. 선생님 성함을 중국어로 표현한다면 채점자는 참신한 답안으로 간주하여 좋은 점수를 줄 것이다. 중국어를 학교나 학원 등에서만 배울 수 있는 것은 아니므로, 선생님 성함이 떠오르지 않는다면 부모님이나 친구가 가르쳐준다고 답할 수도 있다.

**모범답안**                                                          097

❶ 金兰兰老师 / 教我汉语。Jīn Lánlan lǎoshī jiāo wǒ Hànyǔ. 진란란 선생님이 저에게 중국어를 가르치십니다.

❷ 李老师 / 教我汉语。Lǐ lǎoshī jiāo wǒ Hànyǔ. 이 선생님이 저에게 중국어를 가르치십니다.

❸ 朋友 / 教我汉语。Péngyou jiāo wǒ Hànyǔ. 친구가 저에게 중국어를 가르쳐줍니다.

**단어** 老师 lǎoshī 명 선생님 | 朋友 péngyou 명 친구

### ❷ 什么(shénme)를 사용한 의문문

사물이 들어갈 자리에 '무엇'이라는 의미의 의문대사 什么를 넣은 의문문이다. 什么는 단독으로 쓰일 때는 '무엇'으로, 명사 앞에서는 '무슨/어떤/어느'로 해석되는 의문대사다. 什么 자리에 사물이나 사물의 특성, 성격을 설명하는 단어 등을 넣어 답을 하면 된다.

---

#### 什么 자리에 쓸 수 있는 단어

| | | | |
|---|---|---|---|
| 교실: | 书桌 shūzhuō 책상 | 椅子 yǐzi 의자 | 黑板 hēibǎn 칠판 |
| | 粉笔 fěnbǐ 분필 | 地图 dìtú 지도 | |
| 가방: | 手机 shǒujī 휴대전화 | 钱包 qiánbāo 지갑 | 书 shū 책 |
| | 笔盒 bǐhé 필통 | 报纸 bàozhǐ 신문 | 本子 běnzi 노트 |
| 필통: | 铅笔 qiānbǐ 연필 | 钢笔 gāngbǐ 만년필 | 橡皮 xiàngpí 지우개 |
| | 尺子 chǐzi 자 | 荧光笔 yíngguāngbǐ 형광펜 | 圆珠笔 yuánzhūbǐ 볼펜 |
| 방: | 电视 diànshì 텔레비전 | 电脑 diànnǎo 컴퓨터 | 窗户 chuānghu 창(문) |
| | 床 chuáng 침대 | 衣服 yīfu 옷 | |

---

 예제 1

🎧 098

你的 / 书包里 / 有 / 什么? Nǐ de shūbāo li yǒu shénme?

**단어** 书包 shūbāo 명 책가방 | 什么 shénme 대 무엇, 무슨

**해석** 당신의 책가방 안에 무엇이 있습니까?

> **문제풀이 공략 Tip**
>
> 有가 술어인 주술목 문형에서, 목적어로 什么가 쓰인 문장이다. 什么 자리에 가방에 들어갈만한 물건을 넣어서 답을 하면 된다.

**모범답안** 🎧 099

我的 / 书包里 / 有 / 两本书 / 和一个笔盒。
Wǒ de shūbāo li yǒu liǎng běn shū hé yí ge bǐhé.
제 책가방 안에는 책 두 권과 필통 한 개가 있습니다.

**단어** 两 liǎng 주 둘 | 本 běn 양 권[책 · 잡지를 세는 양사] | 书 shū 명 책 | 和 hé 전 ~와, ~과 | 个 gè 양 개, 사람, 명[사람이나 물건에 쓰임] | 笔盒 bǐhé 명 필통

🎧 **100**

**你的头发 / 是 / 什么颜色?** Nǐ de tóufa shì shénme yánsè?

**단어**   头发 tóufa 몡 머리카락, 두발 │ 什么 shénme 때 무엇, 무슨 │ 颜色 yánsè 몡 색, 색깔

**해석**   당신의 머리카락은 무슨 색입니까?

**🔍 문제풀이 공략Tip**

什么가 명사 颜色를 앞에서 수식하면서 '무슨 색깔'인지를 묻는 질문이다. 什么颜色 자리에 黑色(hēisè 검은색), 灰色(huīsè 회색) 등 적절한 색깔을 넣어 답한다.

**모범답안**     🎧 **101**

**我的头发 / 是 / 棕色。** Wǒ de tóufa shì zōngsè.

제 머리카락은 갈색입니다.

**단어**   棕色 zōngsè 몡 갈색

**🔍 잠깐! 알아두면 좋은 표현**

※ **여러 가지 색깔**

| | | |
|---|---|---|
| 黑色 hēisè 검은색 | 白色 báisè 흰색 | 灰色 huīsè 회색 |
| 棕色 zōngsè 갈색 | 黄色 huángsè 노란색 | 红色 hóngsè 빨간색 |
| 蓝色 lánsè 파란색 | 绿色 lǜsè 녹색 | 紫色 zǐsè 보라색 |

🎧 **102**

**你家里 / 都有 / 什么人?** Nǐ jiāli dōu yǒu shénme rén?

**단어**   家里 jiāli 몡 집, 집안, 가정 │ 都 dōu 閉 모두, 다 │ 什么 shénme 때 무엇, 무슨 │ 人 rén 몡 사람

**해석**   당신은 식구가 어떻게 되십니까?

**🔍 문제풀이 공략Tip**

什么가 명사 人을 앞에서 수식하면서, '어떤 사람'인지를 묻고 있다. 보통 가족구성원을 물을 때 사용되는 질문이다. 什么人 자리에 가족구성원을 넣어 답하면 된다.

**모범답안**     🎧 **103**

**我家里 / 有妈妈、哥哥 / 和我。** Wǒ jiāli yǒu māma, gēge hé wǒ.

저희 집에는 엄마, 오빠 그리고 저, 이렇게 있습니다.

**단어**   妈妈 māma 몡 엄마 │ 哥哥 gēge 몡 형, 오빠

### ❸ 什么时候(shénme shíhou)를 사용한 의문문

什么时候는 '언제'라는 의미로, 행동을 하는 시기를 묻는 의문문을 만든다. 什么时候 자리에 시간(요일, 날짜, 계절, 연도 등)을 넣어 답하면 된다.

> **什么时候 자리에 쓸 수 있는 단어**
>
> 요일: 星期一 xīngqīyī 월요일 ⋯ 星期六 xīngqīliù 토요일    星期天 xīngqītiān 일요일
>
>       周一 zhōuyī 월요일 ⋯ 周六 zhōuliù 토요일    周日 zhōurì 일요일
>
>       上星期二 shàngxīngqī'èr 지난주 화요일    下周一 xiàzhōuyī 다음주 월요일
>
> 날짜: 一月二号 yī yuè èr hào 1월 2일    三月初 sān yuè chū 3월초
>
>       七月底 qī yuè dǐ 7월 말    五月中旬 wǔ yuè zhōngxún 5월 중순
>
> 명절: 春节 Chūnjié 설날    中秋节 Zhōngqiūjié 추석
>
>       情人节 Qíngrénjié 밸런타인데이    圣诞节 Shèngdànjié 크리스마스
>
> 계절: 春天 chūntiān 봄    夏天 xiàtiān 여름
>
>       秋天 qiūtiān 가을    冬天 dōngtiān 겨울
>
> 시간: 早上8点 zǎoshang bā diǎn 아침 8시    下午3点 xiàwǔ sān diǎn 오후 3시
>
>       昨天 zuótiān 어제    明天 míngtiān 내일

🎧 104

### 你 / 什么时候 / 回家? Nǐ shénme shíhou huíjiā?

**단어** 什么时候 shénme shíhou 언제, 어떤 때 | 回家 huíjiā 동 귀가하다, 집으로 돌아가다

**해석** 당신은 언제 귀가합니까?

> **문제풀이 공략Tip**
>
> 什么时候를 사용하여 '언제' 귀가하는지 묻고 있다. 什么时候 자리에 적당한 시간명사를 넣어서 대답한다. '2시(两点 liǎng diǎn)', '4시(四点 sì diǎn)'처럼 구체적인 시간을 말할 수도 있고, '저녁(晚上 wǎnshang)', '조금 후(过一会儿 guò yíhuìr)' 등 대략의 시간을 말해도 된다.

> **모범답안**       🎧 105
>
> ❶ 我 / 6点 / 回家。 Wǒ liù diǎn huíjiā.
> 저는 6시에 귀가합니다.
>
> ❷ 我考完试后 / 马上就回家。 Wǒ kǎowán shì hòu mǎshàng jiù huíjiā.
> 저는 시험이 끝난 후 바로 집으로 돌아갑니다.

**단어** 点 diǎn 양 시 | 考试 kǎoshì 명 시험 동 시험 보다 | 完 wán 동 끝내다, 완성하다 | 马上 mǎshàng 부 곧, 즉시, 금방 | 就 jiù 부 바로

🎧106

**예제2**

考试 / 什么时候 / 结束? Kǎoshì shénme shíhou jiéshù?

**단어** 考试 kǎoshì 명 시험 동 시험 보다 | 什么时候 shénme shíhou 언제, 어떤 때 | 结束 jiéshù 동 끝나다, 마치다

**해석** 시험이 언제 끝납니까?

**문제풀이 공략Tip**

什么时候를 사용하여 시험이 '언제' 끝나는지를 묻고 있다. 什么时候 자리에 시간을 넣어서 답을 하면 되는데, '20분 후(20分钟后)'처럼 구체적인 시간을 말할 수도 있고, '오후(下午 xiàwǔ)', '곧(很快/马上 mǎshàng 就)' 등 대략적인 시간을 말할 수도 있다.

**모범답안** 🎧107

❶ 考试 / 20分钟后 / 就结束。Kǎoshì èrshí fēn zhōng hòu jiù jiéshù. 시험은 20분 후에 끝납니다.

❷ 考试 / 很快 / 就结束。Kǎoshì hěn kuài jiù jiéshù. 시험은 곧(금세) 끝납니다.

**단어** 分钟 fēn zhōng 분 | 就 jiù 부 바로 | 快 kuài 형 빠르다

## ❹ 哪(nǎ)를 사용한 의문문

哪는 '어느/어느 것'이라는 의미의 의문대사다. 주로 양사나 수사 앞에 쓰인다. 哪가 놓인 자리에 哪 뒤에 나온 명사를 구체화시키는 내용을 넣어 대답한다.

### 哪 자리에 쓸 수 있는 단어

| | | |
|---|---|---|
| 연도: | 哪+年 → 一九七零年 yī jiǔ qī líng nián 1970년 | |
| | 二零零八年 èr líng líng bā nián 2008년 | |
| | 去年 qùnián 작년 | 今年 jīnnián 금년 |
| | 明年 míngnián 내년 | 后年 hòunián 내후년 |
| 국가: | 哪+国 → 韩国 Hánguó 한국　美国 Měiguó 미국　日本 Rìběn 일본 | |
| | 中国 Zhōngguó 중국　加拿大 Jiānádà 캐나다　印度 Yìndù 인도 | |
| 지시어: | 哪+个 → 这个 zhè ge 이것　那个 nà ge 저것 | |
| | 前面的 qiánmian de 앞의 것　后面的 hòumian de 뒤의 것 | |
| | 大的 dà de 큰 것　小的 xiǎo de 작은 것 | |

**예제 1**

🎧 108

你是 / 哪年 / 出生的? Nǐ shì nǎ nián chūshēng de?

**단어** 哪 nǎ 떼 어느 | 年 nián 몡 년, 해 | 出生 chūshēng 통 태어나다, 출생하다

**해석** 당신은 어느 해에 태어났습니까?

**문제풀이 공략Tip**

哪가 年 앞에 오면 '어느 해'라는 의미가 된다. 年은 명사지만 동시에 양사의 성격을 띠기 때문에, 哪个年이라고 하지 않고 哪年이라고 한다. 你를 我로 바꾸고 哪 자리에 적당한 연도를 넣어 답한다.

**모범답안** 🎧 109

❶ 我是 / 一九七零年 / 出生的。 Wǒ shì yī jiǔ qī líng nián chūshēng de.
저는 1970년에 태어났습니다.

❷ 我是 / 一九九零年 / 出生的。 Wǒ shì yī jiǔ jiǔ líng nián chūshēng de.
저는 1990년에 태어났습니다.

❸ 我是 / 二零零零年 / 出生的。 Wǒ shì èr líng líng líng nián chūshēng de.
저는 2000년에 태어났습니다.

**단어** 零 líng 쉬 영, 제로(zero)

**예제 2**

🎧 110

你是 / 哪国人? Nǐ shì nǎ guó rén?

**단어** 哪 nǎ 떼 어느 | 国 guó 몡 나라, 국가

**해석** 당신은 어느 나라 사람입니까?

**문제풀이 공략Tip**

哪가 国 앞에 오면 '어느 나라'라는 의미가 되므로, 哪国人은 '어느 나라 사람'이라는 의미이다. 你를 我로 바꾸고 哪国 자리에 자신의 국가명을 넣어 답하면 된다.

**모범답안** 🎧 111

❶ 我是 / 韩国人。 Wǒ shì Hánguórén.
저는 한국인입니다.

❷ 我是 / 美国人。 Wǒ shì Měiguórén.
저는 미국인입니다.

**단어** 韩国人 Hánguórén 몡 한국인 | 美国人 Měiguórén 몡 미국인

### ❺ 哪儿(nǎr)을 사용한 의문문

처소·장소가 들어갈 자리에 '어디/어느 곳'이라는 의미의 의문대사 哪儿이 쓰인 의문문이다. 哪儿은 哪里로 바꿔 쓸 수 있으며, 대답할 때는 哪儿 자리에 장소를 넣어 답하면 된다.

> **哪儿 자리에 쓸 수 있는 단어**
>
> 장소: 学校 xuéxiào 학교  公司 gōngsī 회사  家(里) jiā(li) 집
>  宿舍 sùshè 기숙사  图书馆 túshūguǎn 도서관  运动场 yùndòngchǎng 운동장
>
> 도시: 首尔 Shǒu'ěr 서울  大田 Dàtián 대전  大邱 Dàqiū 대구
>  釜山 Fǔshān 부산  北京 Běijīng 베이징  上海 Shànghǎi 상하이

🎧 **112**

### 你 / 住在 / 哪儿? Nǐ zhùzài nǎr?

**단어** 住在 zhùzài ~에서 살다 | 哪儿 nǎr ㈹ 어디

**해석** 당신 어디에서 삽니까?

> **문제풀이 공략Tip**
>
> 동사 住의 보어로 在가, 목적어로 哪儿이 쓰인 의문문이다. 你를 我로 바꾸고 哪儿 자리에 장소나 도시명을 넣어 답한다. 구체적인 지명을 잘 모를 경우에는 범위를 넓혀 나라 이름을 넣어 답할 수도 있다.

**모범답안**    🎧 **113**

❶ 我 / 住在 / 钟路。 Wǒ zhùzài Zhōnglù.
저는 종로에서 삽니다.

❷ 我 / 住在 / 首尔。 Wǒ zhùzài Shǒu'ěr.
저는 서울에서 삽니다.

❸ 我 / 住在 / 韩国。 Wǒ zhùzài Hánguó.
저는 한국에서 삽니다.

**단어** 钟路 Zhōnglù 몡 종로[지명] | 首尔 Shǒu'ěr 몡 서울[지명] | 韩国 Hánguó 몡 한국

🎧 **114**

### 你老家 / 在哪儿? Nǐ lǎojiā zài nǎr?

**단어** 老家 lǎojiā 몡 고향 집, 고향 | 哪儿 nǎr ㈹ 어디

**해석** 당신 고향은 어디입니까?

哪儿을 사용하여 고향이 어디인지를 묻고 있다. '어디/어느 곳'이라는 의미의 의문대사 哪儿 자리에 지명을 넣어 답하면 된다. 동사 在의 사용에 주의하자.

　　예 我老家在釜山。Wǒ lǎojiā zài Fǔshān. 나의 고향은 부산입니다.

　　　我老家是釜山。Wǒ lǎojiā shì Fǔshān. (×)

**모범답안** 🎧115

❶ 我老家 / 在 / 首尔。Wǒ lǎojiā zài Shǒu'ěr.

　제 고향은 서울입니다.

❷ 我老家 / 在 / 大田。Wǒ lǎojiā zài Dàtián.

　제 고향은 대전입니다.

**단어** 首尔 Shǒu'ěr 명 서울[지명] | 大田 Dàtián 명 대전[지명]

## ❻ 几(jǐ)를 사용한 의문문

숫자가 들어갈 자리에 '몇'이라는 의미의 几를 사용한 의문문으로, 대개 10 미만의 수량을 물을 때 사용한다. 어린아이의 나이나 시간 · 날짜 · 요일을 묻는 문장에도 쓰인다. 답을 할 때는 질문에서 几를 적절한 수사로 바꿔주면 된다. 시간이나 날짜를 묻는 질문에 대답하는 경우를 제외하면 几 자리에는 항상 10 미만의 수사만 사용할 수 있다.

예 今天　　　几 月 几 号? 오늘은 몇 월 며칠입니까?

Jīntiān　　jǐ　yuè　jǐ　hào?

今天(是) 十二 月 三十 号。 오늘은 12월 30일입니다.

Jīntiān (shì) shí'èr yuè sānshí hào.

🎧116

现在 / 几点? Xiànzài jǐ diǎn?

**단어** 现在 xiànzài 명 지금, 이제 | 几 jǐ 수 몇 | 点 diǎn 양 시

**해석** 지금 몇 시입니까?

几点 혹은 几点钟이라고 하면 '몇 시인가?'라는 의미이므로 시간을 묻는 표현이다. 几가 있는 자리에 수사를 넣어 답한다. 2시는 二点이 아니라 两点(liǎng diǎn)이라고 말한다는 점을 잊지 말자! 十点(shí diǎn)과 四点 (sì diǎn)의 성조를 바꿔 발음하지 않도록 주의한다.

**모범답안** 🎧117

现在 / 十点四十分。 Xiànzài shí diǎn sìshí fēn.
지금은 10시 40분입니다.

**단어** 分 fēn 영 분

---

**예제 2** 🎧118

你家 / 有 / 几口人? Nǐ jiā yǒu jǐ kǒu rén?

**단어** 家 jiā 명 집, 가정 | 几 jǐ 쉬 몇 | 口 kǒu 양 식구[가족구성원을 세는 단위]

**해석** 당신의 가족은 몇 식구입니까?

> **문제풀이 공략Tip**
>
> 几는 '몇'이라는 뜻이고 口는 가족구성원(식구)을 세는 양사이므로, 几口人은 '몇 식구인가?'하고 가족의 수를
> 묻는 표현이 된다. 你를 我로 바꾸고 几 자리에 수사를 넣어 답한다.

**모범답안** 🎧119

❶ 我家 / 有 / 三口人。 Wǒ jiā yǒu sān kǒu rén. 제 가족은 세 식구입니다.
❷ 我家 / 有 / 四口人。 Wǒ jiā yǒu sì kǒu rén. 제 가족은 네 식구입니다.

---

### 🄻 多少(duōshao)를 사용한 의문문

수가 들어갈 자리에 '얼마'라는 의미의 의문대사 多少를 넣은 의문문이다. 多少는 보통 10
이상의 큰 수를 셀 때나 전화번호를 물을 때 사용한다. 의문대사 多少는 양사 없이 바로 명
사 앞에 올 수 있지만, 답을 할 때는 多少 자리에 수사를 넣으면서 반드시 양사를 함께 써야
한다. '大概+수사+양사'나 '수사+양사+左右'를 사용하여 대략의 숫자를 표현할 수도 있다.
전화번호를 말할 때는 숫자를 하나씩 읽으며, 숫자 一(1)는 yī가 아니라 yāo로 발음한다.

例 我们公司大概有五千个职员。 Wǒmen gōngsī dàgài yǒu wǔqiān ge zhíyuán.
우리 회사는 약 5천 명의 직원이 있다.

我们公司有五千个左右的职员。 Wǒmen gōngsī yǒu wǔqiān ge zuǒyòu de zhíyuán.
우리 회사는 5천 명 가량의 직원이 있다.

010-123-1234。 Líng yāo líng yāo èr sān yāo èr sān sì. 010-123-1234입니다.

🎧 120

**你的书包 / 多少钱? Nǐ de shūbāo duōshao qián?**

**단어** 书包 shūbāo 몡 책가방 | 多少 duōshao 댸 얼마, 몇 | 钱 qián 몡 돈

**해석** 당신의 책가방은 얼마입니까?

> **문제풀이 공략Tip**
>
> 多少钱은 '돈(가격)이 얼마입니까?'라는 의미로써 주로 물건의 값을 물을 때 사용하는 표현이다. 답을 할 때는 多少 자리에 금액과 화폐단위를 나타내는 양사를 넣으면 된다. 가장 기본적인 단위인 块(위안)를 사용하면 무난하다.

> **모범답안**  🎧 121
>
> **我的书包 / 三百二十块钱。 Wǒ de shūbāo sānbǎi èrshí kuài qián.**
>
> 제 가방은 320위안입니다.

**단어** 百 bǎi 쉬 백, 100 | 块 kuài 얭 위안[중국의 화폐 단위로, 元(yuán)에 상당함]

🎧 122

**你的 / 电话号码 / 是多少? Nǐ de diànhuà hàomǎ shì duōshao?**

**단어** 电话 diànhuà 몡 전화 | 号码 hàomǎ 몡 번호 | 多少 duōshao 댸 얼마, 몇

**해석** 당신의 전화번호는 몇 번입니까?

> **문제풀이 공략Tip**
>
> 전화번호를 물을 때도 多少를 사용한다. 이때는 '얼마입니까?'보다는 '몇 번입니까?'로 해석하는 것이 맞다. 你를 我로 바꾸고 多少 자리에 번호를 넣어서 답한다. 전화번호를 말할 때 숫자 1은 yī라고 읽었을 때 숫자 7(qī)과 발음이 비슷하여 혼동을 일으킬 수 있으므로 보통 yāo로 발음한다.

> **모범답안**  🎧 123
>
> **我的 / 电话号码 / 是 / 零一零九一二二八八七二。**
>
> Wǒ de diànhuà hàomǎ shì líng yāo líng jiǔ yāo èr èr bā bā qī èr.
>
> 제 전화번호는 010-9122-8872입니다.

**단어** 零 líng 쉬 영, 제로(zero)

## ❽ 多(duō)를 사용한 의문문

'얼마나'라는 의미의 의문부사 多를 사용한 의문문이다. 多 뒤에 형용사를 붙이면 정도나 수량을 묻는 의문문이 된다. 주로 기간·거리·나이·무게 등을 물을 때 많이 사용된다.

### 多를 사용한 의문문

▶ 多长: 기간을 묻는 질문

你游了多长时间了? Nǐ yóule duō cháng shíjiān le?
당신은 수영한 지 얼마나 되었습니까?

我游了6个月了。Wǒ yóule liù ge yuè le.
저는 수영한 지 6개월됐습니다.

▶ 多远: 거리를 묻는 질문

你住的地方离这里有多远? Nǐ zhù de dìfang lí zhèli yǒu duō yuǎn?
당신이 사는 곳은 여기에서 얼마나 멀리 있나요?

我家离这里有10公里。Wǒ jiā lí zhèli yǒu shí gōnglǐ.
저희 집은 여기에서 10km 떨어져 있습니다.

▶ 多大: 나이를 묻는 질문

你现在多大了? Nǐ xiànzài duō dà le?
당신은 지금 몇 살입니까?

我今年30岁了。Wǒ jīnnián sānshí suì le.
저는 올해 서른 살이 됐습니다.

▶ 多重: 무게(중량)를 묻는 질문

你有多重? Nǐ yǒu duō zhòng?
당신은 몸무게가 얼마나 나가요?

我70公斤。Wǒ qīshí gōngjīn.
저는 70kg입니다.

🎧 124

你 / 学汉语 / 多长时间了? Nǐ xué Hànyǔ duō cháng shíjiān le?

**단어** 学 xué 동 배우다 | 汉语 Hànyǔ 명 중국어 | 多 duō 부 얼마나, 얼만큼 | 长 cháng 형 (시간이) 길다, 오래다 | 时间 shíjiān 명 시간

**해석** 당신은 얼마 동안 중국어를 배웠습니까?

多 뒤에 형용사 长을 붙이면 '얼마나 긴가'라는 의미가 된다. 여기에 다시 时间이 결합하면 '얼마나 오랜 시간 동안'이라는 의미로, 동작을 지속해온 기간을 묻는 표현이 된다. 답을 할 때는 多长时间 자리에 '수사(八)+양 사(个)+명사(月)' 구조로 기간을 표현하면 된다.

**모범답안**                                                🎧125

我 / 学汉语 / 八个月了。Wǒ xué Hànyǔ bā ge yuè le.
저는 8개월간 중국어를 배웠습니다.

**단어** 月 yuè 圀 달, 월

---

🎧126

你父亲 / 今年 / 多大年纪? Nǐ fùqīn jīnnián duō dà niánjì?

**단어** 父亲 fùqīn 圀 부친, 아버지 | 今年 jīnnián 圀 올해, 금년 | 多 duō 囝 얼마나, 얼만큼 | 年纪 niánjì 圀 나이, 연령

**해석** 당신의 부친은 연세가 어떻게 되십니까?

문제풀이 **공략Tip**

多 뒤에 형용사 大를 붙이면 '얼마나 큰가'라는 의미가 되는데, 보통 나이를 묻는 표현이다. 어른의 나이를 묻 는 것이므로 뒤에 年纪를 붙여 존중의 의미를 나타낸다. 답을 할 때는 多大年纪 자리에 '수사+양사(岁)'를 넣 어 나이를 말하면 된다.

**모범답안**                                                🎧127

❶ 他 / 今年 / 四十六岁。Tā jīnnián sìshíliù suì.
그는 올해 46세입니다.
❷ 他 / 今年 / 六十岁。Tā jīnnián liùshí suì.
그는 올해 60세입니다.

**단어** 岁 suì 囵 세, 살[나이를 세는 단위]

### ❾ 怎么样(zěnmeyàng)을 사용한 의문문

'어떠하다'라는 의미의 의문대사 怎么样을 사용한 의문문으로, 주로 상태나 상황을 물을 때 사용한다. 대답을 할 때는 怎么样 자리에 주어를 설명할 수 있는 형용사를 넣는다.

---

**怎么样 자리에 쓸 수 있는 단어**

기분: [질문] 心情怎么样? Xīnqíng zěnmeyàng? 기분이 어떠십니까?

很高兴 hěn gāoxìng 즐겁다 | 很兴奋 hěn xīngfèn 흥분된다

很紧张 hěn jǐnzhāng 긴장된다 | 很轻松 hěn qīngsōng 편안하다

학업: [질문] 学习(汉语)怎么样? Xuéxí (Hànyǔ) zěnmeyàng?

(중국어를) 공부하는 것은 어떻습니까?

很有意思 hěn yǒuyìsi / 很有趣 hěn yǒuqù 재미있다

很容易 hěn róngyì 쉽다 | 有点难 yǒudiǎn nán 조금 어렵다

건강: [질문] 身体怎么样? Shēntǐ zěnmeyàng? 건강은 어떠십니까?

很健康 hěn jiànkāng 건강하다 | 很好 hěn hǎo 좋다

不(太)好 bù (tài) hǎo (별로) 좋지 않다 | 不舒服 bù shūfu 불편하다

직장: [질문] 工作怎么样? Gōngzuò zěnmeyàng? 일은 어떠십니까?

很好 hěn hǎo 좋다 | 很忙 hěn máng 바쁘다

不太好 bú tài hǎo 별로 좋지 않다 | 不错 búcuò 괜찮다

사람: [질문] 你的老师怎么样? Nǐ de lǎoshī zěnmeyàng? 당신의 선생님은 어떠십니까?

很善良 hěn shànliáng 착하다 | 很漂亮 hěn piàoliang 예쁘다

很温柔 hěn wēnróu 온화하다 | 很热情 hěn rèqíng 열정적이다

年纪很大 niánjì hěn dà 연세가 많다

시험: [질문] 考试怎么样? Kǎoshì zěnmeyàng? 시험은 어떻습니까?

考得(不太)好 kǎo de (bú tài) hǎo (별로) 잘 (못) 봤다

不错 búcuò 괜찮다 | 很累 hěn lèi 힘들다

感觉很好 gǎnjué hěn hǎo 느낌이 좋다 | 题目太难 tímù tài nán 문제가 너무 어렵다

---

🎧 128

**你现在心情 / 怎么样?** Nǐ xiànzài xīnqíng zěnmeyàng?

**단어** 现在 xiànzài 명 지금, 이제 | 心情 xīnqíng 명 심정, 감정, 마음, 기분, 정서 | 怎么样 zěnmeyàng 대 어떻다, 어떠하다

**해석** 당신은 지금 기분이 어때요?

**문제풀이 꿀팁Tip**

怎么样을 사용하여 현재의 심정(마음의 상태)에 대해 묻고 있다. '좋다(很好)', '긴장된다(紧张)', '흥분된다(兴奋)' 등의 다양한 답을 할 수 있다.

**모범답안**   🎧129

❶ 我现在 / 心情 / 很好。Wǒ xiànzài xīnqíng hěn hǎo.

저는 지금 기분이 좋습니다.

❷ 我现在 / 有点儿紧张。Wǒ xiànzài yǒudiǎnr jǐnzhāng.

저는 지금 조금 긴장됩니다.

❸ 我现在 / 有点兴奋。Wǒ xiànzài yǒudiǎn xīngfèn.

저는 지금 조금 흥분됩니다.

**단어**  有点(儿) yǒudiǎn(r) 🅫 조금, 약간 | 紧张 jǐnzhāng 🅗 긴장해있다, 불안하다 | 兴奋 xīngfèn 🅗 흥분하다, 격분하다

🎧130

你母亲 / 现在 / 身体 / 怎么样? Nǐ mǔqīn xiànzài shēntǐ zěnmeyàng?

**단어**  母亲 mǔqīn 🅜 모친, 엄마, 어머니 | 现在 xiànzài 🅜 지금, 이제 | **身体 shēntǐ** 🅜 몸, 신체, 건강 | **怎么样 zěnmeyàng** 🅟 어떻다, 어떠하다

**해석**  당신의 모친은 지금 건강이 어떠십니까?

**문제풀이 꿀팁Tip**

身体는 '몸(신체)'이라는 뜻인데, '身体怎么样?'이라고 하면 몸매가 좋고 나쁨을 묻는 것이 아니고 보통 건강이 어떤지 물을 때 사용하는 표현이다. 따라서 어머니의 현재 건강 상태에 대해 묻는 것임을 알 수 있다. 좋다거나 건강하다거나 나쁘다는 등의 다양한 답을 할 수 있다.

**모범답안**   🎧131

❶ 她 / 现在 / 身体 / 很好。Tā xiànzài shēntǐ hěn hǎo.

그녀는 현재 건강이 좋습니다.

❷ 她 / 最近 / 有点 / 不舒服。Tā zuìjìn yǒudiǎn bù shūfu.

그녀는 최근에 (몸이) 좀 불편합니다.

**단어**  最近 zuìjìn 🅜 최근, 요즈음 | 有点(儿) yǒudiǎn(r) 🅫 조금, 약간 | 舒服 shūfu 🅗 편안하다, 안락하다

## (4) 생략의문문

### ❶ 어기조사 呢(ne)를 사용하는 생략의문문

어떤 상황에 대해 간단히 되물을 때 사용한다. 문장을 다 말하지 않고, 명사나 대사 뒤에 呢를 붙인 '명사/대사+呢?' 형태의 의문문이다. 대답을 할 때는 질문 앞부분의 진술 내용을 긍정하거나 부정하는 형식으로 대답해야 한다.

🎧 132

**我 / 喜欢 / 看电影，你呢?** Wǒ xǐhuan kàn diànyǐng, nǐ ne?

**단어**　喜欢 xǐhuan 동 좋아하다 | 看 kàn 동 보다 | 电影 diànyǐng 명 영화
**해석**　저는 영화 보는 것을 좋아해요. 당신은요?

> **문제풀이 공략Tip**
>
> 앞에서 자신의 취향을 밝히고, 뒤이어 상대방의 의견을 묻고 있다. 답을 할 때는 你呢를 삭제하면 긍정형의 답이 되는데, 이때 '~도 또한'이라는 의미의 부사 也를 삽입하여 질문자와 같은 입장임을 표현하면 좋다. 정도부사 很을 사용하여 좋아하는 정도를 강조할 수도 있다. 부정형으로 답하려면 부정부사 不를 술어 喜欢 앞에 붙이면 된다.

**모범답안**　　　　　　　　　　　　　　　　　　　　　🎧 133

❶ **我也 / 喜欢 / 看电影。** Wǒ yě xǐhuan kàn diànyǐng.
저도 영화 보는 것을 좋아합니다.

❷ **我也 / 很喜欢。** Wǒ yě hěn xǐhuan.
저도 무척 좋아합니다.

❸ **我 / 不太喜欢 / 看电影。** Wǒ bú tài xǐhuan kàn diànyǐng.
저는 영화 보는 것을 그다지 좋아하지 않습니다.

**단어**　也 yě 부 ~도, 또한 | 不太 bú tài 그다지, 별로

🎧 134

**我 / 想喝茶，你呢?** Wǒ xiǎng hē chá, nǐ ne?

**단어**　想 xiǎng 조동 ~하고 싶다, ~하려고 한다 | 喝 hē 동 마시다 | 茶 chá 명 차
**해석**　저는 차를 마시고 싶습니다. 당신은요?

**모범답안**  🎧 135

❶ 我也 / 想喝茶。Wǒ yě xiǎng hē chá.

저도 차를 마시고 싶습니다.

❷ 我不想 / 喝茶，我想 / 喝水。Wǒ bù xiǎng hē chá, wǒ xiǎng hē shuǐ.

저는 차를 마시고 싶지 않습니다. 저는 물을 마시고 싶습니다.

❸ 不用了，我刚 / 喝过茶。Bú yòng le, wǒ gāng hēguo chá.

괜찮아요, 저는 방금 차를 마셨습니다.

**단어** 也 yě 图 ~도, 또한 | 水 shuǐ 명 물 | 不用 bú yòng 图 ~할 필요가 없다 | 刚 gāng 图 방금, 막 | 过 guo 조 ~한 적이 있다

## ❷ 의문의 어투를 띤 평서문

의문사나 어기조사 吗/吧를 사용하지 않고, 평서문의 끝만 올려 의문을 나타내는 문장도 있다. 이런 의문문은 어기에 주의해야 한다. 대답할 때는 질문 내용을 확인해주는 차원에서 对나 不对로 대답하고 뒤에 부연설명을 덧붙여주는 것이 좋다.

예제 1

🎧 136

你的 / 手表 / 慢了? Nǐ de shǒubiǎo màn le?

**단어** 手表 shǒubiǎo 명 손목시계 | 慢 màn 형 느리다

**해석** 당신의 손목시계는 느린가요?

**모범답안**  🎧 137

❶ 对，我的 / 手表 / 慢了。Duì, wǒ de shǒubiǎo màn le. 네, 제 손목시계는 느립니다.

❷ 慢了 / 一分钟。Mànle yì fēn zhōng. 1분 느립니다.

❸ 不慢，很准确。Bú màn, hěn zhǔnquè. 느리지 않아요, 아주 정확합니다.

**단어** 分钟 fēn zhōng 분 | 准确 zhǔnquè 형 정확하다

**你 / 只学过 / 一年 / 汉语?** Nǐ zhǐ xuéguo yì nián Hànyǔ?

**단어**  只 zhǐ 🔤 단지, 오직 | 学 xué 🔤 배우다 | 过 guo 🔤 ~한 적이 있다 | 年 nián 🔤 해, 년 | 汉语 Hànyǔ 🔤 중국어

**해석**  당신은 중국어를 단지 1년밖에 안 배웠나요?

---

🔖 **문제풀이 공략Tip**

문장 끝을 올림으로써 '你只学过一年汉语吗?'와 같은 뜻의 질문이 된다. 你를 我로 바꾸고, 문장 끝을 올리지 않고 말하면 바로 긍정형 답이 된다. '맞습니다(对)'나 '아닙니다(不对)' 등의 말을 추가하면 더 자연스러운 답이 된다.

---

**모범답안**                                                              🎧 139

❶ **긍정형 대답**

对，(我)只学过 / 一年(汉语)。Duì, (wǒ) zhǐ xuéguo yì nián (Hànyǔ).

네, (저는 중국어를) 단 1년 배웠습니다.

❷ **부정형 대답**

不对，我已经 / 学过 / 一年多了。Bú duì, wǒ yǐjing xuéguo yì nián duō le.

아니요, 저는 배운 지 이미 1년이 넘었습니다.

**단어**  对 duì 🔤 맞다 | 已经 yǐjing 🔤 이미, 벌써 | 多 duō 🔤 많다 🔤 ~ 남짓, ~여

# [1-10] 听后回答 🎧 140

1. 🎧

2. 🎧

3. 🎧

4. 🎧

5. 🎧

6. 🎧

7. 🎧

8. 🎧

9. 🎧

10. 🎧

## 1

 你能 / 解释一下 / 这个题吗? Nǐ néng jiěshì yíxià zhè ge tí ma?

**단어** 能 néng [조동] ~할 수 있다 | 解释 jiěshì [동] 해석하다, 분석하다 | 一下 yíxià [양] 좀 ~하다[동사 뒤에 쓰여 '(시험 삼아) 해보다'의 뜻을 나타냄] | 题 tí [명] 문제

**해석** 당신은 이 문제를 설명할 수 있나요?

**문제풀이 공략Tip**

평서문에 의문을 나타내는 조사 吗를 붙여 질문했다. 답을 할 때는 吗를 삭제하고 你는 我로 바꾼다. 대답할 때는 설명할 수 있는지를 밝히게 되므로, '시험 삼아 해보다'라는 의미의 一下는 빼는 것이 좋다. 질문자의 입장에서 这个를 사용했다면, 대답할 때는 那个로 바꿔 말해도 괜찮다. 조동사 能이 들어간 문장이므로 부정형 대답을 하려면 부정부사 不는 조동사 앞에 붙여야 한다.

**모범답안**  🎧141

❶ 긍정형 대답

我 / 能解释 / 那个题。 Wǒ néng jiěshì nà ge tí. 저는 그 문제를 설명할 수 있습니다.

❷ 부정형 대답

我 / 不能解释 / 那个题。 Wǒ bù néng jiěshì nà ge tí. 저는 그 문제를 설명할 수 없습니다.

## 2

你 / 会不会 / 说日语? Nǐ huì bu huì shuō Rìyǔ?

**단어** 会 huì [조동] (배워서) ~를 할 수 있다 | 说 shuō [동] 말하다 | 日语 Rìyǔ [명] 일본어

**해석** 당신은 일본어를 할 줄 압니까?

**문제풀이 공략Tip**

의문사를 사용하지 않고 조동사의 긍정형과 부정형을 병렬시켜 정반의문문으로 질문하였다. 답을 할 때는 你를 我로 바꾼 다음, 긍정형은 '주어(我)+조동사(会)+술어(说)+목적어(日语)' 구조로, 부정형은 부정부사 不를 조동사 앞에 붙이면 된다.

**모범답안**  🎧142

❶ 긍정형 대답

我 / 会说 / 日语。 Wǒ huì shuō Rìyǔ. 저는 일본어를 할 줄 압니다.

❷ 부정형 대답

我 / 不会说 / 日语。 Wǒ bú huì shuō Rìyǔ. 저는 일본어를 할 줄 모릅니다.

**3**

🎧
你 / 刚才 / 喝什么了? Nǐ gāngcái hē shénme le?

**단어** 刚才 gāngcái 몡 방금 전 | 喝 hē 통 마시다 | 什么 shénme 떼 무엇, 무슨

**해석** 당신은 방금 무엇을 마셨습니까?

> 🔖 **문제풀이 공략Tip**
>
> 의문대사 什么를 사용하여 무엇을 마셨는지 질문했다. 什么 자리에 '물(水 shuǐ)', '음료수(饮料 yǐnliào)', '우유(牛奶 niúnǎi)', '커피(咖啡 kāfēi)' 등을 넣어 대답해본다.

**모범답안** 🎧 143

❶ 我 / 刚才 / 喝 / 水了。Wǒ gāngcái hē shuǐ le.
저는 방금 물을 마셨습니다.

❷ 我 / 刚才 / 喝 / 咖啡了。Wǒ gāngcái hē kāfēi le.
저는 방금 커피를 마셨습니다.

**단어** 水 shuǐ 몡 물 | 咖啡 kāfēi 몡 커피

---

**4**

🎧
你家 / 谁唱得最好? Nǐ jiā shéi chàng de zuì hǎo?

**단어** 家 jiā 몡 집, 가정 | 谁 shéi 떼 누구 | 唱 chàng 통 (노래를) 부르다 | 最 zuì 뿐 가장, 제일

**해석** 당신 집에서 누가 (노래를) 가장 잘 부릅니까?

> 🔖 **문제풀이 공략Tip**
>
> 의문대사 谁를 사용한 질문이다. 동사 唱이 술어로 쓰이고 정도보어를 사용해 노래 부르는 정도(最好)를 표현했다. 谁 자리에 가족구성원 중 적당한 인물을 넣어 답한다.

**모범답안** 🎧 144

❶ 我 / 唱得最好。Wǒ chàng de zuì hǎo. 제가 가장 잘 부릅니다.

❷ 我妈妈 / 唱得最好。Wǒ māma chàng de zuì hǎo. 저희 엄마가 가장 잘 부릅니다.

**단어** 妈妈 māma 몡 엄마

**5**

🎧

你 / 最近 / 学习 / 怎么样? Nǐ zuìjìn xuéxí zěnmeyàng?

**단어**　最近 zuìjìn 명 최근, 요즘음 | 学习 xuéxí 명 동 학습(하다), 공부(하다), 배우다 | 怎么样 zěnmeyàng 대 어떻다, 어떠하다

**해석**　당신은 요즘 공부가 어때요? (학습 상태가 어떻습니까?)

> 🔖 **문제풀이 공략Tip**
>
> 의문대사 怎么样을 사용하여 상태를 묻고 있다. 怎么样 자리에 학습 상태를 표현하는 말, '재미있다(很有意思 hěn yǒu yìsi)', '쉽다(容易 róngyì)', '어렵다(困难 kùnnan)' 등의 단어를 넣어 답한다.

**모범답안**　🎧145

❶ 我 / 最近 / 学习 / 很好。Wǒ zuìjìn xuéxí hěn hǎo.
　저는 요즘 공부를 잘 하고 있습니다.
❷ 我 / 最近 / 学习 / 有点儿困难。Wǒ zuìjìn xuéxí yǒudiǎnr kùnnan.
　저는 요즘 공부에 다소 어려움이 있습니다.

**단어**　有点(儿) yǒudiǎn(r) 부 조금, 약간 | 困难 kùnnan 형 어렵다, 곤란하다

**6**

🎧

你 / 今年 / 多大了? Nǐ jīnnián duō dà le?

**단어**　今年 jīnnián 명 올해 | 多 duō 부 얼마나, 얼만큼

**해석**　당신은 올해 나이가 어떻게 되십니까?

> 🔖 **문제풀이 공략Tip**
>
> 多大는 '얼마나 큰가', 혹은 '몇 살인가'의 의미로, 크기나 나이를 물을 때 사용한다. 이 문제에서는 나이를 묻고 있다. 你를 我로 바꾸고, 多大의 자리에 '수사+岁'를 넣어 답한다.

**모범답안**　🎧146

我 / 今年 / 二十四岁。Wǒ jīnnián èrshísì suì.
저는 올해 24살입니다.

**단어**　岁 suì 양 세, 살[나이를 세는 단위]

**7**

🎧 你是 / 什么时候 / 开始 / 学汉语的? Nǐ shì shénme shíhou kāishǐ xué Hànyǔ de?

**단어** 什么时候 shénme shíhou 언제, 어떤 때 | 开始 kāishǐ 图 시작하다 | 学 xué 图 배우다, 공부하다 | 汉语 Hànyǔ 阅 중국어

**해석** 당신은 언제 중국어를 배우기 시작했습니까?

**🔎 문제풀이 공략Tip**

什么时候를 사용하여 중국어 학습을 시작한 시기를 묻고 있다. 你를 我로 바꾸고, 什么时候의 자리에 '작년(去年 qùnián)', '올해 1월(今年1月 jīnián yī yuè)' 등 적절한 시기를 넣어 답한다. 질문에서 '중국어'를 이미 언급했으므로, 답을 할 때는 汉语를 생략해도 된다. '~부터'라는 뜻의 전치사 从을 사용할 수도 있다.

**모범답안**  🎧147

我是 / 从去年六月 / 开始 / 学习的。 Wǒ shì cóng qùnián liù yuè kāishǐ xuéxí de.
저는 작년 6월부터 배우기 시작했습니다.

**단어** 从~开始 cóng ~ kāishǐ ~부터(~을 기점으로) 시작하다 | 去年 qùnián 阅 작년 | 月 yuè 阅 월, 달 | 学习 xuéxí 阅图 학습(하다), 공부(하다), 배우다

**8**

🎧 最近 / 你过得 / 好吗? Zuìjìn nǐ guò de hǎo ma?

**단어** 最近 zuìjìn 阅 최근, 요즈음 | 过 guò 图 (시점을) 지내다, 보내다

**해석** 당신은 요즘 잘 지내십니까?

**🔎 문제풀이 공략Tip**

의문을 나타내는 어기조사 吗를 사용하여 질문하고 있다. 답을 할 때는 吗를 삭제한 뒤, 你를 我로 바꾼다. 형용사술어문에서는 형용사 앞에 습관적으로 정도부사 很을 붙이므로, 긍정형 답을 만들 때는 好 앞에 很을 삽입한다. 好 자리에 不好나 不太好를 넣으면 부정형 답이 되고, '바쁘다(忙 máng)' 같은 말을 넣어 제3의 답을 할 수도 있다. 질문에서 이미 언급한 最近은 대답할 때 생략해도 된다.

**모범답안**  🎧148

❶ 我 / 过得 / 很好。 Wǒ guò de hěn hǎo.  저는 잘 지냅니다.
❷ 最近 / 我 / 身体有点不好。 Zuìjìn wǒ shēntǐ yǒudiǎn bù hǎo.  요즘 저는 건강이 조금 안 좋습니다.
❸ 最近 / 我 / 有点儿忙。 Zuìjìn wǒ yǒudiǎnr máng.  요즘 저는 좀 바쁩니다.

**단어** 身体 shēntǐ 阅 몸, 신체, 건강 | 有点(儿) yǒudiǎn(r) 🔲 조금, 약간 | 忙 máng 阅 바쁘다, 틈이 없다

🎧

## 9

我觉得 / 汉语 / 很有意思，你呢？ Wǒ juéde Hànyǔ hěn yǒuyìsi, nǐ ne?

**단어** 觉得 juéde 동 ～라고 생각하다/여기다 | 汉语 Hànyǔ 명 중국어 | 有意思 yǒuyìsi 형 재미있다

**해석** 저는 중국어가 매우 재미있다고 생각합니다. 당신은요?

**문제풀이 공략Tip**

대사 你 뒤에 呢를 붙인 생략의문문이다. 앞의 내용에 대한 자신의 의견을 밝히면 된다. 본인도 역시 재미있다고 생각하면 술어 觉得 앞에 '역시'라는 의미의 부사 也를 삽입하여 '我也觉得～'라고 하고, 그렇지 않다면 부정부사 不를 삽입하면 된다.

**모범답안** 🎧149

我也 / 觉得 / 很有意思，但也 / 觉得 / 有点难。
Wǒ yě juéde hěn yǒuyìsi, dàn yě juéde yǒudiǎn nán.
저도 재미있다고 생각합니다. 그런데 좀 어렵기도 합니다.

**단어** 也 yě 부 ～도, 또한 | 但 dàn 접 그러나 | 有点(儿) yǒudiǎn(r) 부 조금, 약간 | 难 nán 형 어렵다

🎧

## 10

你以前 / 去过 / 北京？ Nǐ yǐqián qùguo Běijīng?

**단어** 以前 yǐqián 명 이전, 예전 | 去 qù 동 가다 | 过 guo 조 ～한 적이 있다 | 北京 Běijīng 명 베이징, 북경[지명]

**해석** 당신은 예전에 베이징에 가본 적이 있나요?

**문제풀이 공략Tip**

의문사나 조사를 사용하지 않고 문장 끝을 올려 읽은 의문문이다. 답을 할 때는 你를 我로 바꾼 뒤, 문장 끝을 올리지 않고 말하면 바로 긍정형이 된다. 以前 자리에 과거의 구체적인 시간을 넣어도 좋다. 부정형으로 답하려면 과거의 경험을 나타내는 过가 사용된 문장이므로 술어 앞에 没를 붙여야 한다. '아직'이라는 의미의 부사 还를 삽입하면 더 자연스러운 표현이 된다.

**모범답안** 🎧150

❶ 긍정형 대답

我 / 去年 / 去过 / 北京。 Wǒ qùnián qùguo Běijīng. 저는 작년에 베이징에 가봤습니다.

❷ 부정형 대답

我 / 还没 / 去过 / 北京。 Wǒ hái méi qùguo Běijīng. 저는 베이징에 아직 못 가봤습니다.

**단어** 去年 qùnián 명 작년 | 还 hái 부 아직도, 여전히

# 回答问题

## 질문에 대답하기

### 1 回答问题
#### 문제 유형 살펴보기

'질문에 대답하기(回答问题)'는 모두 2문항으로 되어 있다. 읽고 답하는 문제로, 시험지에 문제가 제시되며, 한자와 병음이 함께 표기되어 있다. 문제에 답하기 전에 7분의 준비시간이 주어지며, 준비 시간 종료 1분 전에 신호음이 울린다. 응시자는 준비시간 동안 제시된 2문제를 모두 읽고 답을 생각 하였다가, 각 문제의 녹음 지시가 들리면 녹음기에 해당 문제의 답을 녹음하면 된다. 대답 시간은 문 제당 1.5분씩 소요된다고 생각하고 최소 5문장 정도는 말해야 한다. 답안 준비시간에는 필기구를 사 용하여 시험지 여백에 메모하면서 준비하는 것이 허용된다.

| Nǐ  xǐhuan  kàn  shū  ma? |
| 你 喜欢 看 书 吗? |

**단어** 喜欢 xǐhuan 동 좋아하다 | 看书 kàn shū 책을 보다, 독서하다, 공부하다

**해석** 당신은 책 읽기를 좋아합니까?

**모범답안** 🎧151

我喜欢 / 看书, 因为我觉得 / 书里面有 / 很多知识。通过书本, 我们可以了 解 / 很多。而且, 当我觉得 / 压力很大的时候, 看书 / 可以让我 / 放松。和朋友 / 在一起时, 因为我们都爱 / 看书, 所以可以有 / 很多话说, 这也加深了 / 我们的友 谊。我觉得 / 看书 / 可以让人 / 变得聪明, 所以我 / 很喜欢 / 看书。

Wǒ xǐhuan / kàn shū, yīnwèi wǒ juéde / shū lǐmian yǒu / hěn duō zhīshi. Tōngguò shūběn, wǒmen kěyǐ liǎojiě / hěn duō. Érqiě, dāng wǒ juéde / yālì hěn dà de shíhou, kàn shū / kěyǐ ràng wǒ / fàngsōng. Hé péngyou / zài yìqǐ shí, yīnwèi wǒmen dōu ài / kàn shū, suǒyǐ kěyǐ yǒu / hěn duō huà shuō, zhè yě jiāshēnle / wǒmen de yǒuyì. Wǒ juéde / kàn shū / kěyǐ ràng rén / biànde cōngming, suǒyǐ wǒ / hěn xǐhuan / kàn shū.

저는 책 읽기를 좋아합니다. 왜냐하면 저는 책 안에 많은 지식이 있다고 생각하기 때문입니다. 책을 통해서 우리는 많은 것을 알 수 있습니다. 게다가 저는 스트레스가 크다고 느낄 때 책을 보면 긴장이 풀립니다. 친구와 함께 있을 때 우리는 모두 책 읽기를 좋아하기 때문에 할 이야기가 많습니다. 이것은 또한 우리의 우정을 깊게 만듭니다. 저는 독서가 사람을 똑똑하게 만들 수 있다고 생각합니다. 그래서 저는 책 읽는 것을 매우 좋아합니다.

**단어** 因为 yīnwèi 젭 왜냐면 | 觉得 juéde 통 ~라고 생각하다 | 知识 zhīshi 명 지식 | 通过 tōngguò 전 ~을 통하여, ~을 거쳐 통 통과하다 | 书本 shūběn 명 책 | 可以 kěyǐ 조통 ~할 수 있다, ~해도 된다 | 了解 liǎojiě 통 이해하다, 알다 | 而且 érqiě 젭 게다가 | 当~的时候 dāng ~ de shíhou ~할 때 | 压力 yālì 명 스트레스 | 让 ràng 통 ~하게 하다 | 放松 fàngsōng 통 (긴장을) 풀다, 이완시키다 | 加深 jiāshēn 통 깊어지다, 심화하다 | 友谊 yǒuyì 명 우애, 우정 | 变得 biànde ~로 되다 | 聪明 cōngming 형 똑똑하다

## 2 回答问题 문제 공략법

### (1) 준비시간을 최대한 활용한다.

문제에 대답을 할 때는 1분 30초 동안 최소 5개 이상의 문장을 녹음해야 한다. 문장의 길이나 말하는 속도에 따라 다르겠지만 대략 40~50자 가량의 내용을 준비해야 하는 셈이다. 40~50자 가량을 사전 준비 없이 즉석에서 말하기는 쉽지 않다. 따라서 반드시 준비시간 7분을 충분히 활용하여, 대답할 내용을 '서론-본론-결론'의 구성에 맞게 작성한다.

### (2) 기초 어휘와 기본 표현부터 차근차근 쌓아간다.

많은 응시자들이 제3부분을 준비할 때 가장 답답하게 느끼는 점은 바로 '어휘가 부족하거나 중국식 표현에 익숙하지 않아서 자신의 생각을 중국어로 제대로 옮길 수가 없다'는 것이다. 간곡히 당부하고 싶은 것은 '세계 평화 유지 · 남북 관계 개선 · 지구 온난화 대책' 등 각종 고차원적인 주제에 대한 토론은 잠시 접어두라는 것이다! 이제 겨우 중국어를 배운 지 채 1년도 되지 않은, 굳이 따지자면 걸음마도 못하는 갓난아기 수준이라면, 현 상태에서 어떻게 하면 합격할 수 있을지를 고민해야 한다. 언어의 시작과 끝은 어휘다. 新HSK 기초 어휘와 기본 표현부터 차근차근 쌓아가자.

### (3) 문제의 요지를 잘 파악하고 단계별로 꼼꼼히 답한다.

제3부분의 문제들은 대개 'YES/NO'식의 단순한 답을 원하지 않는다. 만약 다음 문제에 아래와 같이 답한다면 좋은 점수를 기대하기 어렵다.

---

예    문제  **你喜欢汉语吗？为什么？** Nǐ xǐhuan Hànyǔ ma? Wèishénme?
        당신은 중국어를 좋아합니까? 왜 그런가요?

  답    **我喜欢汉语。** Wǒ xǐhuan Hànyǔ. 저는 중국어를 좋아합니다. (△)
        **我不喜欢汉语。** Wǒ bù xǐhuan Hànyǔ. 저는 중국어를 좋아하지 않습니다. (△)

---

답안 자체가 틀린 것은 아니지만, 첫째는 다섯 문장 이상으로 답을 준비해야 하는 원칙을 지키지 않아 말하기 표현 능력을 전혀 보여주지 못했고, 둘째는 '왜?'라는 부분에 대해 아예 답하지 않았기 때문이다. 사실상 이 문제에서 묻고자 하는 것은 '학습자의 중국어에 대한 견해' 혹은 '학

습자가 중국어를 좋아하게 된 과정'이다. 따라서 문제를 접하면 출제자의 의도, 문제의 요지를 잘 파악하여 단계별로 빠짐없이 꼼꼼히 답해야 한다. 문제를 읽을 때 답에 꼭 포함되어야할 내용마다 동그라미를 그려 놓으면 답을 준비할 때 도움이 된다.

## (4) 아는 내용을 최대한 활용하고 기본문장을 변형시켜 내용을 확장한다.

초급 수준의 응시자가 초급 회화시험에서 합격하려면 한정된 학습내용을 충분히 활용하여 문장을 확장해나가는 방식으로 답을 작성하는 것이 좋다. 다양한 어휘와 표현들을 사용할 수도 있겠지만, 누적 학습량으로 볼 때 한국식 사고를 중국어로 정확하게 표현해내기는 쉽지 않다. 따라서 가장 간단하고 확실한 방법은 질문에 기본문장 형식으로 답하고, 답한 문장에 단어를 교체하거나 한두 단어를 삽입하는 방식으로 문장을 확장하는 것이다. 그러면 다음과 같이 간단하게 문제에 답할 수 있다.

---

예　**문제** 你喜欢看书吗? Nǐ xǐhuan kàn shū ma? 당신은 책 읽기를 좋아합니까?

**답** 我很喜欢看书。我从小就很喜欢看书。因为我爸爸喜欢看书, 我妈妈也喜欢看书, 所以我和弟弟也很喜欢看书。我家人都喜欢看书。

Wǒ hěn xǐhuan kàn shū. Wǒ cóng xiǎo jiù hěn xǐhuan kàn shū. Yīnwèi wǒ bàba xǐhuan kàn shū, wǒ māma yě xǐhuan kàn shū, suǒyǐ wǒ hé dìdi yě hěn xǐhuan kàn shū. Wǒ jiārén dōu xǐhuan kàn shū.

저는 책 보는 것을 아주 좋아합니다. 저는 어릴 때부터 책 읽기를 좋아했습니다. 왜냐하면 제 아버지가 책 읽는 것을 좋아하시고, 어머니도 책 읽는 것을 좋아하시기 때문입니다. 그래서 나와 남동생도 책 읽는 것을 무척 좋아합니다. 우리 가족은 모두 책 읽는 것을 좋아합니다.

---

주어진 문제를 이용하여 답의 첫 문장을 시작하는 것도 점수를 획득하는 하나의 방법이 될 수 있다. 문제의 你를 我로 바꾼 문장으로 답안을 시작한다면 답안의 서두로 손색이 없는 문장이 된다. 답안을 준비할 때는 언제나 검증된 확실한 표현, 기본적인 문장에서부터 출발하자.

---

예1　**문제** 请你介绍一下你的一天。Qǐng nǐ jièshào yíxià nǐ de yì tiān. 당신의 하루를 소개해보세요.

**답** 我介绍一下我的一天…… Wǒ jièshào yíxià wǒ de yì tiān …… 저의 하루를 소개하겠습니다……

예2　**문제** 你喜欢小狗吗? Nǐ xǐhuan xiǎogǒu ma? 당신은 강아지를 좋아하나요?

**답** 我喜欢小狗…… Wǒ xǐhuan xiǎogǒu …… 저는 강아지를 좋아합니다……

---

## (5) 정확한 발음과 문장으로 답안을 녹음한다.

1분 30초 동안 많은 내용을 녹음할수록 점수가 높게 나올까? 꼭 그렇지는 않다! 자연스럽고 정확한 발음으로 오류가 없는 5개 이상의 문장을 녹음했다면 합격을 장담해도 좋다. 그러나 문장은 오류 투성이에다 설상가상으로 발음마저 부정확하다면 아무리 많은 내용을 녹음했다 하더라도 합격을 기대하기 어렵다. 복잡하고 수준 높은 내용이 아니라도 상관없다. 정확하고 유창하다면 고득점도 문제없다!

## (6) 꾸준히 연습하고 자신의 발음을 모니터한다.

연습할 때는 출제될만한 예상 문제에 대해 적절한 답을 작성하여 유창하게 말하는 훈련을 해야 한다. 대답할 때는 내용은 물론이고, 각 단어의 발음, 강세와 끊어 읽기에도 유의한다. 대개 주어와 술어 사이를 살짝 끊고, 의미 단위로, 또는 강조하는 부분에서 다시 한 번 끊어 읽는다. 녹음 자료를 들으면서 원어민의 낭독 속도, 발음, 억양을 완벽하게 재현할 수 있을 때까지 반복해서 연습하자. 일정 시간 연습한 내용을 실제 시험에서처럼 직접 녹음해서 들어보고, 자신의 발음에 문제는 없는지, 자연스러운지 확인하는 것도 잊지 말자.

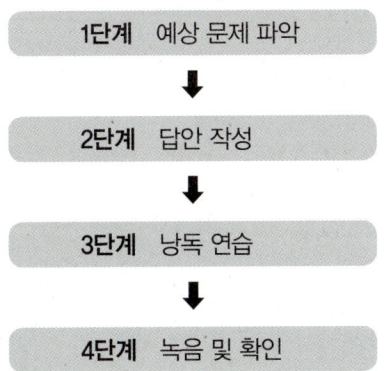

## (1) 자기소개

자기소개는 新HSK 회화시험뿐만 아니라 진학이나 유학, 취업 면접에 이르기까지 중국어 회화 능력을 확인하는 과정에서 기본적으로 반드시 출제되는 주제다. 이름·국적·나이·성별뿐만 아니라 취미·가족·직업·하루일과까지, 가능한 한 상세하고 폭넓은 예상 답안을 준비해둔다면, 실제 상황에서 자유자재로 답함으로써 좋은 결과를 거둘 수 있을 것이다.

---

### ☑ 자주 쓰는 자기소개 관련 표현

**이름** 　我(的名字)叫〇〇。 Wǒ (de míngzi) jiào 〇〇. 저는(제 이름은) 〇〇라고 합니다.

**나이** 　我今年〇〇岁。 Wǒ jīnnián 〇〇 suì. 저는 올해 〇〇살입니다.

　　　　 我是〇〇年出生的。 Wǒ shì 〇〇 nián chūshēng de. 저는 〇〇년생입니다.

**국적·출신** 　我是〇〇人。 Wǒ shì 〇〇rén. 저는 〇〇 사람입니다.

　　　　 我是从〇〇来的。 Wǒ shì cóng 〇〇 lái de. 저는 〇〇에서 왔습니다.

**신분·성별** 　我是〇〇。 Wǒ shì 〇〇. 저는 〇〇입니다.

| 예 初中生 chūzhōngshēng 중학생 | 高中生 gāozhōngshēng 고등학생 |
|---|---|
| 大学生 dàxuéshēng 대학생 | 公司职员 gōngsī zhíyuán 회사 직원 |
| 家庭妇女 jiātíng fùnǚ 가정주부 | 医生 yīshēng 의사 |
| 男孩儿 nánháir 남자아이 | 女人 nǚrén 여자 |
| 男生 nánshēng 남학생 | 女大学生 nǚ dàxuéshēng 여대생 |

**취미** 　我的爱好是〇〇。 Wǒ de àihào shì 〇〇. 제 취미는 〇〇입니다.

　　　　 我喜欢〇〇。 Wǒ xǐhuan 〇〇. 저는 〇〇(하기)를 좋아합니다.

**가족** 　我家有~口人，〇〇……和我。 Wǒ jiā yǒu ~ kǒu rén, 〇〇 …… hé wǒ.
저의 가족은 ~명입니다, 〇〇 …… 그리고 저입니다.

| 예 爸爸 bàba 아빠 | 妈妈 māma 엄마 | 哥哥 gēge 형, 오빠 |
|---|---|---|
| 姐姐 jiějie 누나, 언니 | 妹妹 mèimei 여동생 | 弟弟 dìdi 남동생 |
| 妻子 qīzi 아내 | 丈夫 zhàngfu 남편 | |

**학교** 　我现在上〇〇。 Wǒ xiànzài shàng 〇〇. 저는 지금 〇〇에 다닙니다.

| 예 小学 xiǎoxué 초등학교 | 初中 chūzhōng 중학교 |
|---|---|
| 高中 gāozhōng 고등학교 | 大学 dàxué 대학교 |

**전공** 　我的专业是〇〇。 Wǒ de zhuānyè shì 〇〇. 저의 전공은 〇〇입니다.

　　　　 我是〇〇系的学生。 Wǒ shì 〇〇xì de xuésheng. 저는 〇〇학과 학생입니다.

　　　　 我读〇〇系。 Wǒ dú 〇〇xì. 저는 〇〇학을 공부합니다.

| 예 中文 Zhōngwén 중문 | 经济 jīngjì 경제 | 经营 jīngyíng 경영 |
|---|---|---|
| 贸易 màoyì 무역 | 英语 Yīngyǔ 영문 | 法律 fǎlǜ 법률 |

---

예제 1

Qǐng   nǐ   jièshào   yíxià   zìjǐ.
请  你  介绍  一下  自己。

**단어**  请 qǐng 통 청하다, ~하세요 | 介绍 jièshào 통 소개하다 | 一下 yíxià 양 좀 ~해보다 | 自己 zìjǐ 대 자기, 자신

**해석**  자기소개를 해보세요.

### 문제풀이 공략Tip

처음부터 바로 직접적인 소개로 들어가기보다는 간단히 인사를 하고 본론으로 들어가는 것이 채점관들에게 좋은 인상을 주어 후한 점수를 받을 수 있다. 특히 이름과 나이를 말할 때는 발음에 주의하여 정확히 말해야 한다.

### 스스로 써보기

**1**  자신이 대답할 내용의 개요를 작성해본다. 중국어나 한국어 모두 괜찮으며 자신이 알아볼 수만 있으면 된다.(제한시간 3분 30초)

_____

_____

_____

**2**  자신이 작성한 개요를 보며 답을 녹음한다.(제한시간 1분 30초)

**3**  자신이 녹음한 답을 듣고 잘한 점과 보완할 점을 평가해본다.

### 모범답안 ❶  학생의 경우   🎧152

　　大家好，我叫 / 金恩美，我是 / 韩国人，今年 / 二十岁。现在 / 上 / 大学一年级，是 / 经济系的 / 学生，学习汉语 / 已经 / 五个月了。

Dàjiā hǎo, wǒ jiào / Jīn Ēnměi, wǒ shì / Hánguórén, jīnnián / èrshí suì. Xiànzài / shàng / dàxué yī niánjí, shì / jīngjìxì de / xuésheng, xuéxí Hànyǔ / yǐjing / wǔ ge yuè le.

여러분, 안녕하세요. 저는 김은미라고 합니다. 저는 한국인이고, 올해 20살입니다. 현재 대학교 1학년이고, 경제학과에 다니는 학생입니다. 중국어를 배운 지는 이미 5개월이 되었습니다.

**단어**  大家 dàjiā 대 모두, 여러분 | 叫 jiào 통 (~라고) 하다, 불리다 | 韩国 Hánguó 명 대한민국, 한국 | 今年 jīnnián 명 올해, 금년 | 岁 cuì 양 살, 세[연령을 세는 단위] | 现在 xiànzài 명 지금, 현재 | 上学 shàngxué 통 등교하다, 학교에 다니다 | 大学 dàxué 명 대학 | 年级 niánjí 명 학년 | 经济 jīngjì 명 경제 | 系 xì 명 학과

**모범답안 ②** 직장인의 경우　　　　　　　　　　　　　　🎧 153

　　老师／好，我叫／李哲修。我是／韩国人，今年／二十八岁，在／一家／贸易公司／工作。我在大学里／是／学英语的，现在／学中文／已经／七个月了。

Lǎoshī / hǎo, wǒ jiào / Lǐ Zhéxiū. Wǒ shì / Hánguórén, jīnnián / èrshíbā suì, zài / yì jiā / màoyì gōngsī / gōngzuò. Wǒ zài dàxué li / shì / xué Yīngyǔ de, xiànzài / xué Zhōngwén / yǐjing / qī ge yuè le.

안녕하세요, 선생님. 저는 이철수라고 합니다. 저는 한국인이고, 올해 28살이며, 무역회사에서 일합니다. 저는 대학교에서 영어를 전공했습니다. 현재 중국어를 배운 지 벌써 7개월이 되었습니다.

**단어**　家 jiā 영 회사·상점 등을 세는 단위 | 贸易 màoyì 명 무역 | 公司 gōngsī 명 회사, 직장 | 工作 gōngzuò 동 일하다 | 在 zài 전 ～에(서) | 英语 Yīngyǔ 명 영어

　　Qǐng　nǐ　shuōshuo　nǐ　de　xìngqù àihào.
　　请　你　说　说　你　的　兴趣　爱好。

**단어**　请 qǐng 동 청하다, ～하세요 | 说 shuō 동 말하다 | 兴趣爱好 xìngqù àihào 명 취미

**해석**　당신의 취미를 말해보세요.

> 🔍 문제풀이 **공략Tip**
>
> 취미를 묻는 등의 문제에 반드시 사실에 근거하여 답해야만 하는 것은 아니다. 만약 취미가 없다거나, 혹은 햄스터 사육이 취미인데 햄스터를 중국어로 뭐라고 하는지 모른다면 어떻게 해야 할까? 취미가 없다면 왜 없는지 그 이유(업무가 너무 바빠서 여가시간이 없다 등)를 설명하면 된다. 또 햄스터를 중국어로 모른다면 알고 있는 다른 단어로 대체하여 말하거나, 완전히 다른 취미를 말해도 된다. 예를 들면 '애완동물 기르기(养宠物 yǎng chǒngwù)', '독서(看书 kàn shū)', '등산(登山 dēngshān)' 같은 것으로 대체해보자. 출제자의 관심사는 응시자의 실제 취미가 아니라, '취미'라는 주제를 통해 드러나는 응시자의 중국어 표현 능력이기 때문이다.

 스스로 써보기 ✏️

**1**　자신이 대답할 내용의 개요를 작성해본다. 중국어나 한국어 모두 괜찮으며 자신이 알아볼 수만 있으면 된다.(제한시간 3분 30초)

_____

_____

_____

**2**　자신이 작성한 개요를 보며 답을 녹음한다.(제한시간 1분 30초)

**3** 자신이 녹음한 답을 듣고 잘한 점과 보완할 점을 평가해본다.

---

**모범답안 ❶** 취미가 춤인 경우  🎧154

从高中 / 开始，我就 / 喜欢 / 跳舞了。平时 / 忙着 / 学习，没有 / 时间。周末 / 有时间的话，会跟 / 朋友 / 一起去 / 跳舞。我觉得 / 跳舞 / 可以 / 锻炼 / 身体。

Cóng gāozhōng / kāishǐ, wǒ jiù / xǐhuan / tiàowǔ le. Píngshí / mángzhe / xuéxí, méiyǒu / shíjiān. Zhōumò / yǒu shíjiān de huà, huì gēn / péngyou / yìqǐ qù / tiàowǔ. Wǒ juéde / tiàowǔ / kěyǐ / duànliàn / shēntǐ.

고등학교 때부터 저는 춤추기를 좋아했습니다. 평상시에는 공부하느라 바빠 시간이 없습니다. 주말에 시간이 나면 친구와 함께 춤을 추러 갑니다. 저는 춤을 추면 체력을 단련할 수 있다고 생각합니다.

**단어** 从 cóng 전 ~부터, ~을 기점으로 | 高中 gāozhōng 명 고등학교 | 开始 kāishǐ 동 시작하다 | 喜欢 xǐhuan 동 좋아하다 | 跳舞 tiàowǔ 동 춤을 추다 | 平时 píngshí 명 평소, 평상시 | 忙 máng 형 바쁘다, 틈이 없다 | 学习 xuéxí 명 학습(하다), 공부(하다), 배우다 | 时间 shíjiān 명 시간 | 周末 zhōumò 명 주말 | 有时间 yǒu shíjiān 시간이 나다 | ~的话 ~ de huà ~하면, ~이면 | 朋友 péngyou 명 친구 | 一起 yìqǐ 부 같이, 함께 | 觉得 juéde 동 ~라고 여기다/생각하다 | 可以 kěyǐ 조동 ~할 수 있다 | 锻炼 duànliàn 동 (몸을) 단련하다 | 身体 shēntǐ 명 몸, 신체, 체력

---

**모범답안 ❷** 취미가 축구인 경우  🎧155

从小，我就 / 喜欢 / 踢足球。韩国男生 / 大部分 / 都喜欢 / 足球，我的弟弟 / 也很喜欢。我们 / 有时间的时候，常常 / 一起 / 踢足球。足球 / 真的是 / 很有意思的 / 运动。

Cóngxiǎo, wǒ jiù / xǐhuan / tī zúqiú. Hánguó nánshēng / dàbùfen / dōu xǐhuan / zúqiú, wǒ de dìdi / yě hěn xǐhuan. Wǒmen / yǒu shíjiān de shíhou, chángcháng / yìqǐ / tī zúqiú. Zúqiú / zhēn de shì / hěn yǒuyìsi de / yùndòng.

어렸을 때부터 저는 축구하는 것을 좋아했습니다. 한국의 남학생은 대부분 다 축구를 좋아합니다. 제 남동생도 매우 좋아합니다. 우리는 시간이 있을 때면 항상 함께 축구를 합니다. 축구는 정말 재미있는 운동입니다.

**단어** 从小 cóngxiǎo 부 어릴 때부터 | 踢 tī 동 (공을) 차다 | 足球 zúqiú 명 축구 | 男生 nánshēng 명 남학생 | 大部分 dàbùfen 명 대부분 | 都 dōu 부 모두, 다 | 弟弟 dìdi 명 남동생 | 也 yě 부 ~도, ~ 역시 | 时候 shíhou 명 때, 시기 | 常常 chángcháng 부 늘, 항상 | 真的 zhēn de 부 정말로 | 有意思 yǒuyìsi 형 재미있다 | 运动 yùndòng 명 운동, 스포츠

## (2) 주변 환경 & 인물

주변 환경이나 인물을 소개하는 것은 자기소개의 연장이다. 자신이 다니는 학교나 생활하는 도시, 태어난 고향, 집 부근의 환경을 비롯하여 친척·친구·선생님·직장동료 등 주변 인물을 소개하는 내용들은 반드시 사전에 철저히 준비하여 충분히 낭독 연습을 해두는 것이 좋다.

---

### ✔ 자주 쓰는 소개 표현

**소개** 现在我来介绍一下我的〇〇。Xiànzài wǒ lái jièshào yíxià wǒ de 〇〇.
지금부터 저의 〇〇를 소개하겠습니다.

예 家乡 jiāxiāng 고향　　　　　朋友 péngyou 친구　　　　老师 lǎoshī 선생님
同事 tóngshì 직장동료　　　爱人 àirén 남편, 아내

我喜欢我的〇〇。Wǒ xǐhuan wǒ de 〇〇. 저는 제 〇〇를 좋아합니다.

**장소** 我是〇〇学校毕业的。Wǒ shì 〇〇 xuéxiào bìyè de. 저는 〇〇학교를 졸업했습니다.

我们学校在〇〇。Wǒmen xuéxiào zài 〇〇. 우리 학교는 〇〇에 있습니다.

我老家在〇〇。Wǒ lǎojiā zài 〇〇. 제 고향은 〇〇에 있습니다(〇〇입니다).

我家乡的特产是〇〇。Wǒ jiāxiāng de tèchǎn shì 〇〇. 제 고향의 특산물은 〇〇입니다.

我家乡的〇〇很有名。Wǒ jiāxiāng de 〇〇 hěn yǒumíng. 제 고향은 〇〇가 유명합니다.

〇〇很多/很丰富。〇〇 hěn duō/hěn fēngfù. 〇〇가 많습니다/풍부합니다.

〇〇很漂亮。〇〇 hěn piàoliang. 〇〇가 아름답습니다.

我家附近有〇〇。Wǒ jiā fùjìn yǒu 〇〇. 저희 집 근처에는 〇〇가 있습니다.

我家乡离〇〇很近。Wǒ jiāxiāng lí 〇〇 hěn jìn. 제 고향은 〇〇에서 가깝습니다.

从我家乡去首尔得花〇个小时。Cóng wǒ jiāxiāng qù Shǒu'ěr děi huā 〇 ge xiǎoshí.
제 고향에서 서울까지 가는 데 〇시간이 걸립니다.

**인물** 他/她长得很〇〇。Tā zhǎng de hěn 〇〇. 그/그녀는 무척 〇〇하게 생겼습니다.

예 漂亮 piàoliang 아름답다　　可爱 kě'ài 귀엽다　　　帅 shuài 멋지다, 잘생기다
胖 pàng 뚱뚱하다　　　瘦 shòu 마르다

他/她(的性格)很〇〇。Tā (de xìnggé) hěn 〇〇. 그/그녀는 (성격이) 〇〇합니다.

예 活泼 huópo 활발하다　　开朗 kāilǎng 명랑하다
文静 wénjìng 조용하다　　善良 shànliáng 착하다

我们是在〇〇认识的。Wǒmen shì zài 〇〇 rènshi de. 우리는 〇〇에서 알게 됐습니다.

---

Nǐ zài nǎli shàngxué?　Jièshào yíxià nǐ de xuéxiào.
你在哪里上学？　介绍一下你的学校。

**단어** 哪里 nǎli 데 어디 │ 上学 shàngxué 동 학교에 다니다 │ 介绍 jièshào 동 소개하다 │ 一下 yíxià 양 좀 ~해 보다 │ 学校 xuéxiào 명 학교

**해석** 당신은 어느 학교에 다닙니까? 당신의 학교를 소개해보세요.

만약 현재 학생이 아닌데 이 문제가 시험에 나왔다면 어떻게 해야 할까? 이 문제는 반드시 재학 중인 학생만 대답할 수 있는 문제는 아니다. 이미 졸업한 사람이나 휴학한 사람, 혹은 개인사정으로 학교를 다니지 않는 사람일지라도 대답할 수 있다. 재학 중이라면 사실대로 학교를 소개하면 되고, 졸업했다면 전에 다녔던 학교를 소개하고, 다니지 않는다면 왜 안 다니는지 그 이유나 자신의 현재 상황을 설명한다. 어떤 문제를 만나든지 당황하지 말고 차근차근 이유를 설명해나가자.

**스스로 써보기**

**1** 자신이 대답할 내용의 개요를 작성해본다. 중국어나 한국어 모두 괜찮으며 자신이 알아볼 수만 있으면 된다.(제한시간 3분 30초)

_____

_____

_____

**2** 자신이 작성한 개요를 보며 답을 녹음한다.(제한시간 1분 30초)

**3** 자신이 녹음한 답을 듣고 잘한 점과 보완할 점을 평가해본다.

**모범답안 ①** 재학생인 경우 　　　　　　　　🎧156

我是 / 韩国大学的 / 学生，学 / 经济学。我们学校 / 在首尔，学校 / 很大，也很 / 漂亮，有很多的 / 学生，留学生 / 也很多。

Wǒ shì / Hánguó Dàxué de / xuésheng, xué / jīngjìxué. Wǒmen xuéxiào / zài Shǒu'ěr, xuéxiào / hěn dà, yě hěn / piàoliang, yǒu hěn duō de / xuésheng, liúxuéshēng / yě hěn duō.

저는 한국대학교 학생이고, 경제학을 배웁니다. 우리 학교는 서울에 있는데 학교가 크고 아름답습니다. 학생이 아주 많고 유학생도 많습니다.

**단어** 经济学 jīngjìxué 명 경제학 | 首尔 Shǒu'ěr 명 서울[지명] | 大 dà 형 크다 | 漂亮 piàoliang 형 예쁘다, 아름답다 | 多 duō 형 (수량이) 많다 | 留学生 liúxuéshēng 명 유학생

모범답안 ❷ 졸업생인 경우 　　　　　　　　　　　　　　　🎧 157

我 / 去年 / 毕业了。我 / 以前是 / 高丽大学的 / 学生，学的是 / 英语专业。
我们学校 / 在安岩洞，我们学校 / 比较有名，所以 / 来学习的 / 外国人 / 也很
多。我爱 / 我的学校。

Wǒ / qùnián / bìyè le. Wǒ / yǐqián shì / Gāolì Dàxué de / xuésheng, xué de shì / Yīngyǔ
zhuānyè. Wǒmen xuéxiào / zài Ānyándòng, wǒmen xuéxiào / bǐjiào yǒumíng, suǒyǐ / lái
xuéxí de / wàiguórén / yě hěn duō. Wǒ ài / wǒ de xuéxiào.

저는 작년에 졸업했습니다. 예전에 고려대학교 학생이었고 영어를 전공했습니다. 우리 학교는 안암동에 있는데, 제법 유명
합니다. 그래서 공부하러 오는 외국인도 많습니다. 저는 우리 학교를 사랑합니다.

단어　去年 qùnián 명 작년 | 毕业 bìyè 동 졸업하다 | 以前 yǐqián 명 이전, 예전 | 专业 zhuānyè 명 전공 | 安
岩洞 Ānyándòng 명 안암동[지명] | 比较 bǐjiào 부 비교적 | 有名 yǒumíng 형 유명하다 | 所以 suǒyǐ 접 그래서 |
来 lái 동 오다 | 外国 wàiguó 명 외국 | 爱 ài 동 사랑하다

---

예제 2

Nǐ de lǎojiā zài nǎli?　　Nǐ shì nǎli rén?
你的 老家 在 哪里?　你是 哪里 人?

단어　老家 lǎojiā 명 고향 | 哪里 nǎli 대 어디, 어느 곳

해석　당신의 고향은 어디입니까? 당신은 어디 사람인가요?

문제풀이 공략Tip

고향을 묻고 있지만, 단순히 지명을 묻는다기보다 고향이 어떤 곳인지 소개하기를 요구하는 문제다. 답을 작성할
때는 부정적인 측면보다는 긍정적인 측면을 소개하고, 지명과 고유명사 등도 중국어로 말하는 것이 훨씬 좋다.

스스로 써보기 ✏

1　자신이 대답할 내용의 개요를 작성해본다. 중국어나 한국어 모두 괜찮으며 자신이 알아볼
수만 있으면 된다.(제한시간 3분 30초)

2　자신이 작성한 개요를 보며 답을 녹음한다.(제한시간 1분 30초)

**③** 자신이 녹음한 답을 듣고 잘한 점과 보완할 점을 평가해본다.

---

**모범답안 ❶** 서울이 고향인 경우　　　　　　　　　　　　　　　　🎧158

我是／首尔人，在／首尔出生，也／一直／生活在首尔。我家／在钟路，我和爸爸、妈妈／还有弟弟／住在一起。我家／离清溪川／很近，晚上／我们／经常／一起去那儿／散步，那里／很漂亮，跟家人在一起／生活很幸福。

Wǒ shì / Shǒu'ěrrén, zài / Shǒu'ěr chūshēng, yě / yìzhí / shēnghuó zài Shǒu'ěr. Wǒ jiā / zài Zhōnglù, wǒ hé bàba、māma / háiyǒu dìdi / zhùzài yìqǐ. Wǒ jiā / lí Qīngxīchuān / hěn jìn, wǎnshang / wǒmen / jīngcháng / yìqǐ qù nàr / sànbù, nàli / hěn piàoliang, gēn jiārén zài yìqǐ / shēnghuó hěn xìngfú.

저는 서울 사람입니다. 서울에서 태어나 쭉 서울에서 살았습니다. 우리 집은 종로에 있고, 저는 아버지, 어머니 그리고 남동생과 함께 삽니다. 우리 집은 청계천에서 가깝습니다. 저녁에 우리는 종종 그곳으로 함께 산책을 갑니다. 그곳은 아름답습니다. 가족과 함께 사는 것은 무척 행복합니다.

**단어**　出生 chūshēng 동 출생하다, 태어나다 ┃ 一直 yìzhí 부 계속, 줄곧 ┃ 生活 shēnghuó 동 살다, 생활하다 ┃ 钟路 Zhōnglù 고 종로[지명] ┃ 住在一起 zhùzài yìqǐ 같은 곳에 산다, 같이 산다 ┃ 离 lí 전 ~에서, ~로부터 ┃ 清溪川 Qīngxīchuān 명 청계천[지명] ┃ 近 jìn 형 가깝다 ┃ 晚上 wǎnshang 명 저녁 ┃ 经常 jīngcháng 부 자주, 종종 ┃ 那儿 nàr 대 그곳, 거기 ┃ 散步 sànbù 동 산보하다, 산책하다 ┃ 那里 nàli 대 그곳, 저기 ┃ 跟~一起 gēn ~ yìqǐ ~와/과 함께 ┃ 家人 jiārén 명 식구, 가족 ┃ 幸福 xìngfú 형 행복하다

---

**모범답안 ❷** 부산이 고향인 경우　　　　　　　　　　　　　　　　🎧159

我是／釜山人，在／釜山出生，从大学一年级开始／来到首尔生活。釜山／是个／离海很近的／城市，非常漂亮。我／喜欢首尔，但／更喜欢／釜山，因为／那是／我的／家乡。

Wǒ shì / Fǔshānrén, zài / Fǔshān chūshēng, cóng dàxué yī niánjí kāishǐ / láidào Shǒu'ěr shēnghuó. Fǔshān / shì ge / lí hǎi hěn jìn de / chéngshì, fēicháng piàoliang. Wǒ / xǐhuan Shǒu'ěr, dàn / gèng xǐhuan / Fǔshān, yīnwèi / nà shì / wǒ de / jiāxiāng.

저는 부산 사람입니다. 부산에서 태어나서 대학교 1학년 때부터 서울에 와서 살았습니다. 부산은 바다에서 아주 가까운 도시이고, 매우 아름답습니다. 저는 서울을 좋아하지만 부산을 더욱 좋아합니다. 왜냐하면 그곳은 저의 고향이니까요.

**단어**　釜山 Fǔshān 명 부산[지명] ┃ 海 hǎi 명 바다 ┃ 城市 chéngshì 명 도시 ┃ 非常 fēicháng 부 아주, 대단히 ┃ 但 dàn 접 그러나, 하지만 ┃ 更 gèng 부 더, 훨씬 ┃ 因为 yīnwèi 접 왜냐하면 ┃ 家乡 jiāxiāng 명 고향

---

## (3) 하루일과

직·간접적으로 직업이나 취미를 묻는 질문과도 연결되어 시험에서 자주 출제되는 주제다. 자신이 평소에 무슨 일을 하며 하루를 보내는지, 학교·회사·가정에서의 일상들을 차근차근 정

리해서 소개해야 할 경우도 있고, 일상적인 특정 활동에 대해 자신의 의견이나 실천 방법을 말해야 하는 경우도 있다.

---

### ☑️ 자주 쓰는 시간 · 일과 관련 표현

**※ 시간**

| | | |
|---|---|---|
| 凌晨 língchén 새벽 | 早晨 zǎochén 이른 아침 | 早上 zǎoshang 아침 |
| 上午 shàngwǔ 오전 | 中午 zhōngwǔ 정오 | 下午 xiàwǔ 오후 |
| 晚上 wǎnshang 저녁 | 深夜 shēnyè 깊은 밤 | 半夜 bànyè 한밤 |

| | | |
|---|---|---|
| 一点半 yī diǎn bàn 1시 반 | 两点二十分 liǎng diǎn èrshí fēn 2시 20분 | 三点 sān diǎn 3시 |
| 四点 sì diǎn 4시 | 五点 wǔ diǎn 5시 | 六点 liù diǎn 6시 |
| 七点 qī diǎn 7시 | 八点 bā diǎn 8시 | 九点 jiǔ diǎn 9시 |
| 十点 shí diǎn 10시 | 十一点 shíyī diǎn 11시 | 十二点 shí'èr diǎn 12시 |

**※ 일과**

**학생**
早上上学 zǎoshang shàngxué 아침에 등교한다
在学校学习 zài xuéxiào xuéxí 학교에서 공부한다
在学生食堂吃午饭 zài xuésheng shítáng chī wǔfàn 학생식당에서 점심을 먹는다
下午放学 xiàwǔ fàngxué 오후에 수업을 마친다
回家 huíjiā 집으로 돌아간다
去补习班学习 qù bǔxíbān xuéxí 학원에 가서 공부한다
做作业 zuò zuòyè 숙제를 한다
睡觉 shuìjiào 잠을 잔다

**회사원**
早上上班 zǎoshang shàngbān 아침에 출근한다
在公司工作 zài gōngsī gōngzuò 회사에서 근무한다
写报告书 xiě bàogàoshū 보고서를 쓴다
开会 kāihuì 회의한다
加班 jiābān 야근한다, 잔업한다
晚上回家 wǎnshang huíjiā 저녁에 집으로 돌아간다
出差 chūchāi 출장 간다

**가정주부**
做饭 zuòfàn 밥을 한다
帮孩子学习 bāng háizi xuéxí 아이가 공부하는 것을 도와준다
做家务 zuò jiāwù 집안일을 한다
打扫房间 dǎsǎo fángjiān 방을 청소한다
洗衣服 xǐ yīfu 빨래한다
逛街 guàngjiē (윈도)쇼핑한다
买菜 mǎi cài 장을 본다

**예제 1**

Qǐng nǐ jièshào yíxià nǐ de yì tiān.
请 你 介绍 一下 你 的 一天。

**단어**　请 qǐng 图 청하다, ~하세요 ┃ 介绍 图 소개하다 ┃ 一下 yíxià 圀 좀 ~해보다 ┃ 一天 yì tiān 圀 하루

**해석**　당신의 하루를 소개해보세요.

> **문제풀이 공략Tip**
>
> 답을 할 때 순차적으로 조리 있게 말한다면 채점자에게 좋은 인상을 줄 수 있다. 자신의 일상을 上午
> (shàngwǔ 오전), 下午(xiàwǔ 오후), 晚上(wǎnshang 저녁)으로 나누거나 시간대별로 소개하면 된다. 首先
> (shǒuxiān 우선), 其次(qícì 두 번째로), 然后(ránhòu 그런 다음), 最后(zuìhòu 마지막으로) 등을 사용하여 정
> 리해주는 것도 좋다.

**스스로 써보기**

**1** 자신이 대답할 내용의 개요를 작성해본다. 중국어나 한국어 모두 괜찮으며 자신이 알아볼
수만 있으면 된다. (제한시간 3분 30초)

**2** 자신이 작성한 개요를 보며 답을 녹음한다. (제한시간 1분 30초)

**3** 자신이 녹음한 답을 듣고 잘한 점과 보완할 점을 평가해본다.

**모범답안 ①**　학생인 경우　🎧 160

　我 / 每天 / 七点起床，吃完早饭后 / 去学校。九点 / 开始上课，一般 / 上到
/ 下午五点左右。晚上 / 我会和朋友 / 一起吃饭，或者 / 去图书馆 / 学习。十二
点左右 / 上床睡觉。

　Wǒ / měitiān / qī diǎn qǐchuáng, chīwán zǎofàn hòu / qù xuéxiào. Jiǔ diǎn / kāishǐ
shàngkè, yìbān / shàngdào / xiàwǔ wǔ diǎn zuǒyòu. Wǎnshang / wǒ huì hé péngyou / yìqǐ
chīfàn, huòzhě / qù túshūguǎn / xuéxí. Shí'èr diǎn zuǒyòu / shàngchuáng shuìjiào.

　저는 매일 7시에 일어나 아침을 다 먹은 후 학교에 갑니다. 9시부터 수업을 듣기 시작해서 보통 오후 5시 정도까지 듣습니
다, 저녁에 저는 친구와 함께 밥을 먹거나, 도서관에 가서 공부를 합니다. 12시쯤 잠자리에 듭니다.

**단어** 每天 měitiān 凰 매일, 날마다 | 点 diǎn 엥 시(時) | 起床 qǐchuáng 동 (잠자리에서) 일어나다, 기상하다 | 吃 chī 동 먹다 | 完 wán 동 다 소모하다, 다하다 | 早饭 zǎofàn 뎡 아침밥 | 后 hòu (시간상) ~ 뒤에/후에 | 九 jiǔ 㭡 9, 아홉 | 上课 shàngkè 동 수업을 듣다, 강의를 듣다 | 一般 yìbān 엥 보통이다, 일반적이다 | 上 shàng 동 (수업을) 하다 | 到~ dào ~(시간)까지 | 下午 xiàwǔ 뎡 오후 | 五 wǔ 㭡 5, 다섯 | 左右 zuǒyòu 뎡 가량, 쯤 | 会 huì 조동 ~ 할 수 있다, ~할 것이다(가능성이 있다) | 和~一起 hé ~ yìqǐ ~와/과 함께 | 或者 huòzhě 젭 ~든지 아니면 | 图书馆 túshūguǎn 뎡 도서관 | 十二 shí'èr 㭡 12, 열둘 | 上床睡觉 shàngchuáng shuìjiào 잠자리에 들다

**모범답안 ❷** 회사원인 경우 🎧161

我 / 每天 / 六点起床，七点 / 开始 / 学习中文，八点 / 坐公共汽车 / 去公司 上班。中午 / 十二点吃饭，下午 / 六点下班。晚上 / 一般跟女朋友 / 在一起，十 点左右 / 会回家，十一点以后 / 上床睡觉。这是 / 我 / 一天的生活。

Wǒ / měitiān / liù diǎn qǐchuáng, qī diǎn / kāishǐ / xuéxí Zhōngwén, bā diǎn / zuò gōnggòng qìchē / qù gōngsī shàngbān. Zhōngwǔ / shí'èr diǎn chīfàn, xiàwǔ / liù diǎn xiàbān. Wǎnshang / yìbān gēn nǔpéngyou / zài yìqǐ, shí diǎn zuǒyòu / huì huíjiā, shíyī diǎn yǐhòu / shàngchuáng shuìjiào. Zhè shì / wǒ / yì tiān de shēnghuó.

저는 매일 6시에 일어나 7시에 중국어 공부를 시작하고, 8시에 버스를 타고 회사로 출근합니다. 정오 12시에 밥을 먹고, 오후 6시에 퇴근합니다. 저녁에는 보통 여자친구와 함께 있다가 10시쯤 집으로 돌아와, 11시 이후에 잠자리에 듭니다. 이것이 저의 하루일과입니다.

**단어** 六 liù 㭡 6, 육 | 坐 zuò 동 (교통수단을) 타다 | 公共汽车 gōnggòng qìchē 뎡 버스 | 公司 gōngsī 뎡 회사 | 上班 shàngbān 동 출근하다 | 中午 zhōngwǔ 뎡 정오, 낮 12시 전후 | 下班 xiàbān 동 퇴근하다 | 回家 huíjiā 동 귀가하다

Qǐng nǐ shuōshuo nǐ měitiān dōu huì zuò de shìqing.
请 你 说 说 你 每 天 都 会 做 的 事 情。

**단어** 请 qǐng 동 청하다, ~하세요 | 说 shuō 동 말하다 | 每天 měitiān 凰 매일, 날마다 | 会 huì 조동 ~할 것이다(가 능성이 있다), ~할 수 있다 | 做 zuò 동 하다, 만들다 | 事情 shìqing 뎡 일, 사건

**해석** 당신이 매일 하는 일에 대해 말해보세요.

**문제풀이 공략Tip**

일상에 대한 소개를 요구하고 있다. 하루를 시간대별로 나누어 하는 일을 설명할 수도 있고, 꼭 해야 하는 일들 (업무나 학업, 가사 등)과 여가생활로 분류하여 설명하는 것도 가능하다.

**1** 자신이 대답할 내용의 개요를 작성해본다. 중국어나 한국어 모두 괜찮으며 자신이 알아볼 수만 있으면 된다.(제한시간 3분 30초)

**2** 자신이 작성한 개요를 보며 답을 녹음한다.(제한시간 1분 30초)

**3** 자신이 녹음한 답을 듣고 잘한 점과 보완할 점을 평가해본다.

---

**모범답안 ❶** 학생인 경우　　　　　　　　　　　　　　🎧162

　因为 / 我是学生，所以 / 白天 / 我要学习，晚上 / 要 / 复习 / 和预习 / 功课，完成 / 作业。周末 / 我会 / 帮妈妈 / 做家务，有时候 / 做饭，有时候 / 洗碗。考试期间 / 我会在 / 图书馆 / 学习。

Yīnwèi / wǒ shì xuésheng, suǒyǐ / báitiān / wǒ yào xuéxí, wǎnshang / yào / fùxí / hé yùxí / gōngkè, wánchéng / zuòyè. Zhōumò / wǒ huì / bāng māma / zuò jiāwù, yǒushíhou / zuòfàn, yǒushíhou / xǐwǎn. Kǎoshì qījiān / wǒ huì zài / túshūguǎn / xuéxí.

저는 학생이기 때문에 낮에는 공부를 해야 합니다. 저녁에는 강의 내용을 복습 · 예습하고, 숙제를 끝냅니다. 주말에는 엄마를 도와 집안일을 하는데, 때로는 밥을 짓고, 때로는 설거지를 합니다. 시험기간에는 도서관에서 공부를 합니다.

**단어** 白天 báitiān 명 낮 | 要 yào 조동 ~해야 한다, ~할 것이다 | 复习 fùxí 동 복습하다 | 预习 yùxí 동 예습하다 | 功课 gōngkè 명 강의, 수업 | 完成 wánchéng 동 완성하다, 끝내다 | 作业 zuòyè 명 숙제, 과제 | 周末 zhōumò 명 주말 | 帮 bāng 동 돕다, 거들다 | 妈妈 māma 명 엄마 | 做家务 zuò jiāwù 집안일을 하다 | 有时候 yǒushíhou 부 가끔씩, 종종 | 做饭 zuòfàn 동 밥을 하다/짓다 | 洗碗 xǐwǎn 설거지를 하다 | 考试 kǎoshì 명동 시험 (보다) | 期间 qījiān 명 기간 | 图书馆 túshūguǎn 명 도서관

---

**모범답안 ❷** 회사원인 경우　　　　　　　　　　　　　🎧163

　我 / 刚上班 / 没多久，有很多 / 东西 / 要学习，所以 / 每天 / 都很忙。我们的公司 / 是贸易公司，跟中国人 / 做生意，所以 / 我必须学习汉语。有时 / 周末 / 也要加班。

Wǒ / gāng shàngbān / méi duō jiǔ, yǒu hěn duō / dōngxi / yào xuéxí, suǒyǐ / měitiān / dōu hěn máng. Wǒmen de gōngsī / shì màoyì gōngsī, gēn Zhōngguórén / zuò shēngyi, suǒyǐ / wǒ bìxū xuéxí Hànyǔ. Yǒushí / zhōumò / yě yào jiābān.

저는 막 출근을 한 지 얼마 되지 않아 많은 것들을 배워야 합니다. 그래서 매일 바쁩니다. 우리 회사는 무역회사로, 중국인과 비즈니스를 합니다. 그래서 저는 반드시 중국어를 배워야 합니다. 어떤 때는 주말에도 특근을 해야 합니다.

**단어** 刚 gāng 부 방금, 막 | 久 jiǔ 형 오래다, 시간이 길다 | 东西 dōngxi 명 물건, 것 | 忙 máng 형 바쁘다, 틈이 없다 | 贸易 màoyì 명 무역 | 中国 Zhōngguó 명 중국 | 做生意 zuò shēngyi 장사를 하다, 비즈니스를 하다 | 必须 bìxū 부 반드시 ~해야 한다 | 有时 yǒushí 부 어떤 때, 간혹 | 加班 jiābān 동 초과 근무하다, 특근하다

## (4) 학습 · 학업

학창시절에 좋아했던 과목이나 관심 분야에 대한 문제, 혹은 중국어를 배우게 된 계기나 학습방법에 대해 묻는 문제는 회화시험에서 절대로 빠지지 않는다. 무엇을 계기로 관심을 갖게 되었고 어떤 식으로 공부했는지, 가능한 한 구체적으로 설명해보자. 예를 들어, 중학교 때 중국영화를 보고 중국에 관심이 생겼다거나, 대학교 때 한국에 유학 온 중국인 친구와 친해지면서 자연스럽게 중국어를 배우게 되었다는 등의 경험을 진솔하게 말한다면 재미있고 신선한 답이 될 것이다. 본인만의 특별한 사연이 없다면 가족이나 선배, 지인들의 경우를 소개하면서 본인이 그들에게 어떤 영향을 받았는지로 마무리한다면 좋은 답이 될 수 있다.

### ✅ 자주 쓰는 학습 관련 표현

我最喜欢的课目就是○○。 Wǒ zuì xǐhuan de kèmù jiù shì ○○.
제가 가장 좋아하는 과목은 바로 ○○입니다.
我觉得○○很有意思。 Wǒ juéde ○○ hěn yǒuyìsi.
저는 ○○가 매우 재미있다고 생각합니다.
我觉得○○很重要。 Wǒ juéde ○○ hěn zhòngyào.
저는 ○○가 매우 중요하다고 생각합니다.

我从~开始对○○感兴趣。 Wǒ cóng ~ kāishǐ duì ○○ gǎn xìngqù.
저는 ~부터 ○○에 대해 흥미가 생겼습니다.
我受到~的影响开始学习○○。 Wǒ shòudào ~ de yǐngxiǎng kāishǐ xuéxí ○○.
저는 ~의 영향을 받아 ○○를 공부하기 시작했습니다.
我看了○○之后开始喜欢汉语。 Wǒ kànle ○○ zhīhòu kāishǐ xǐhuan Hànyǔ.
저는 ○○를 본 이후에 중국어를 좋아하기 시작했습니다.

| | |
|---|---|
| 学习 xuéxí 공부하다, 배우다 | 预习 yùxí 예습하다 |
| 复习 fùxí 복습하다 | 语文 yǔwén 국어 |
| 数学 shùxué 수학 | 科学 kēxué 과학 |
| 音乐 yīnyuè 음악 | 美术 měishù 미술 |
| 体育 tǐyù 체육 | 汉语 Hànyǔ 중국어 |
| 日语 Rìyǔ 일본어 | 英语 Yīngyǔ 영어 |
| 外语 wàiyǔ 외국어 | 补习班 bǔxíbān 학원 |
| 辅导老师 fǔdǎo lǎoshī 지도교사 | 听录音 tīng lùyīn 녹음을 듣다 |
| 练口语 liàn kǒuyǔ 회화를 연습하다 | 做作业 zuò zuòyè 숙제를 하다 |

**예제 1**

Nǐ cóng shénme shíhou kāishǐ xuéxí Hànyǔ de?
你 从 什么 时候 开始 学习 汉语 的?

**단어** 从 cóng 전 ~부터 | 什么 shénme 대 무엇, 무슨 | 时候 shíhou 명 때, 시기 | 开始 kāishǐ 동 시작하다 |
学习 xuéxí 명 동 학습(하다), 공부(하다), 배우다 | 汉语 Hànyǔ 명 중국어

**해석** 당신은 언제부터 중국어를 배우기 시작했습니까?

**문제풀이 공략Tip**

언제부터 학습을 시작했는지 구체적인 연도를 말하거나, 高中时(고등학교 때), 上大学时(대학교에 다닐 때)처럼 대략적인 시기로 답할 수도 있다. 처음 시작했던 시기와 더불어 현재까지 학습이 이어지게 된 계기를 긍정적인 측면에서 설명하는 것이 좋다.

**스스로 써보기**

**1** 자신이 대답할 내용의 개요를 작성해본다. 중국어나 한국어 모두 괜찮으며 자신이 알아볼 수만 있으면 된다.(제한시간 3분 30초)

**2** 자신이 작성한 개요를 보며 답을 녹음한다.(제한시간 1분 30초)

**3** 자신이 녹음한 답을 듣고 잘한 점과 보완할 점을 평가해본다.

**모범답안 ①** 학교에서 배운 경우 🎧164

我 / 上高中时 / 学过一点汉语。上大学 / 以后，在学校 / 上中文课，学习 / 汉语。我们学校 / 学习汉语的人 / 很多。中文 / 很有意思，我觉得 / 学习中文 / 很重要。

Wǒ / shàng gāozhōng shí / xuéguo yìdiǎn Hànyǔ. Shàng dàxué / yǐhòu, zài xuéxiào / shàng Zhōngwénkè, xuéxí / Hànyǔ. Wǒmen xuéxiào / xuéxí Hànyǔ de rén / hěn duō. Zhōngwén / hěn yǒuyìsi, wǒ juéde / xuéxí Zhōngwén / hěn zhòngyào.

저는 고등학교에 다닐 때 중국어를 조금 배운 적이 있습니다. 대학에 다닌 후, 학교에서 중국어 수업을 듣고 중국어를 공부했습니다. 우리 학교에는 중국어를 배우는 사람이 많습니다. 중국어는 매우 재미있습니다. 저는 중국어를 공부하는 것이 중요하다고 생각합니다.

高中 gāozhōng 명 고등학교 | 时 shí 명 때, 시기 | 过 guo 조 ~한 적이 있다 | 大学 dàxué 명 대학교 | 一点 yìdiǎn 양 약간 | 以后 yǐhòu 명 이후 | 有意思 yǒuyìsi 형 재미있다 | 重要 zhòngyào 형 중요하다

### 모범답안 ❷  직장에서 배운 경우  🎧165

我 / 上大学的时候 / 听过一次中文课，开始 / 喜欢 / 中文了。工作 / 以后，因为 / 工作需要，我又重新开始 / 学习中文，每天早上 / 学习一小时，虽然 / 有点难，但是 / 我很努力。

Wǒ / shàng dàxué de shíhou / tīngguo yí cì Zhōngwénkè, kāishǐ / xǐhuan / zhōngwén le. Gōngzuò / yǐhòu, yīnwèi / gōngzuò xūyào, wǒ yòu chóngxīn kāishǐ / xuéxí Zhōngwén, měitiān zǎoshang / xuéxí yì xiǎoshí, suīrán / yǒudiǎn nán, dànshì / wǒ hěn nǔlì.

저는 대학교에 다닐 때 중국어 수업을 한 번 듣고 중국어를 좋아하기 시작했습니다. 일을 하고 나서는 업무상 필요해서 다시 중국어를 배우기 시작했고, 매일 아침 한 시간씩 공부를 합니다. 비록 조금 어렵지만 저는 매우 열심히 합니다.

단어 时候 shíhou 명 때, 무렵, 동안 | 听 tīng 동 듣다 | 一次 yí cì 1회, 한 번 | 需要 xūyào 동 필요하다, 요구되다 | 又 yòu 부 또, 다시 | 重新 chóngxīn 부 새로 | 早上 zǎoshang 명 아침 | 小时 xiǎoshí 명 시간 | 虽然 suīrán 접 비록 ~하지만 | 有点(儿) yǒudiǎn(r) 부 조금, 약간 | 难 nán 형 어렵다 | 但是 dànshì 접 그러나, 그렇지만 | 努力 nǔlì 동 열심히 하다, 노력하다

---

Qǐng nǐ shuōshuo nǐ xuéxí Hànyǔ de fāngfǎ.
请 你 说 说 你 学习 汉语 的 方法。

단어 请 qǐng 동 청하다, ~하세요 | 说 shuō 동 말하다 | 学习 xuéxí 명 동 학습(하다), 공부(하다), 배우다 | 汉语 Hànyǔ 명 중국어 | 方法 fāngfǎ 명 방법
해석 당신이 중국어를 공부하는 방법을 말해보세요.

### 문제풀이 공략Tip

학교에서 전공으로 공부하고 있다거나, TV나 인터넷 강의를 듣고 있다거나, 학원에 다니고 있다는 등의 다양한 답을 작성할 수 있다. 실제 상황뿐만 아니라 친구나 주변 인물들의 경험담을 소개함으로써 어떤 식으로 공부하는 것이 좋은지 본인의 생각을 밝히면 된다.

### 스스로 써보기

**1** 자신이 대답할 내용의 개요를 작성해본다. 중국어나 한국어 모두 괜찮으며 자신이 알아볼 수만 있으면 된다.(제한시간 3분 30초)

**2** 자신이 작성한 개요를 보며 답을 녹음한다.(제한시간 1분 30초)

**3** 자신이 녹음한 답을 듣고 잘한 점과 보완할 점을 평가해본다.

---

**모범답안 ❶** **학생인 경우** 🎧166

我 / 学中文的 / 时间很短，但是 / 觉得 / 中文很有意思。我们学校的 / 中国留学生 / 很多，我也 / 喜欢 / 跟他们 / 交朋友，我们 / 在一起 / 会互相帮助，他们 / 教我 / 说中文。我觉得 / 这样可以练习 / 口语和听力。

Wǒ / xué Zhōngwén de / shíjiān hěn duǎn, dànshì / juéde / Zhōngwén hěn yǒuyìsi. Wǒmen xuéxiào de / Zhōngguó liúxuéshēng / hěn duō, wǒ yě / xǐhuan / gēn tāmen / jiāo péngyou, wǒmen / zài yìqǐ / huì hùxiāng bāngzhù, tāmen / jiāo wǒ / shuō Zhōngwén. Wǒ juéde / zhèyàng kěyǐ liànxí / kǒuyǔ hé tīnglì.

저는 중국어를 배운 시간은 짧지만 중국어가 매우 재미있다고 생각합니다. 우리 학교에는 중국 유학생이 많은데 저는 그들과 친구로 사귀는 것도 좋아합니다. 우리는 함께 있으면서 서로 돕고, 그들은 저에게 중국어 말하기를 가르쳐줍니다. 저는 이렇게 하면 회화와 듣기 연습을 할 수 있다고 생각합니다.

**단어** 短 duǎn 혱 짧다 | 交朋友 jiāo péngyou 친구를 사귀다 | 互相 hùxiāng 분 서로 | 帮助 bāngzhù 동 돕다 | 教 jiāo 동 가르치다 | 这样 zhèyàng 대 이와 같다, 이렇게 | 练习 liànxí 동 연습하다, 익히다 | 口语 kǒuyǔ 명 구어, 회화 | 听力 tīnglì 명 듣기 능력

---

**모범답안 ❷** **회사원인 경우** 🎧167

因为 / 我平时 / 工作很忙，所以 / 没有太多的时间 / 学习汉语，只有 / 每天早上 / 去补习班 / 学习。上下班的路上 / 我会听 / 中文课本的录音，坐公共汽车时 / 也会背单词。周末 / 也会看中国电影。

Yīnwèi / wǒ píngshí / gōngzuò hěn máng, suǒyǐ / méiyǒu tài duō de shíjiān / xuéxí Hànyǔ, zhǐyǒu / měitiān zǎoshang / qù bǔxíbān / xuéxí. Shàngxiàbān de lùshang / wǒ huì tīng / Zhōngwén kèběn de lùyīn, zuò gōnggòng qìchē shí / yě huì bèi dāncí. Zhōumò / yě huì kàn Zhōngguó diànyǐng.

저는 평소에는 일이 바빠 중국어를 공부할 시간이 그다지 많지 않고, 다만 매일 아침 학원에 가서 공부를 합니다. 출·퇴근길에 저는 중국어 교재의 녹음을 듣고, 버스를 탈 때 단어도 외웁니다. 주말에는 중국 영화를 보기도 합니다.

**단어** 平时 píngshí 명 평소 | 只有 zhǐyǒu 분 오직, 다만 | 补习班 bǔxíbān 명 학원 | 路上 lùshang 명 길 가는 중, 도중 | 听 tīng 동 듣다 | 课本 kèběn 명 교과서, 교재 | 录音 lùyīn 명 녹음 | 背 bèi 동 외우다 | 单词 dāncí 명 단어 | 看 kàn 동 보다 | 电影 diànyǐng 명 영화

## (5) 쇼핑

쇼핑(买东西/购物)에 관한 문제는 기초 단계에서 학습자들이 꼭 배워야하는 일상용품 관련 필수 단어들의 활용 능력을 측정할 수 있기 때문에 출제 확률이 높다. 개인의 취향과 연결시켜 쇼핑에 대한 자신의 입장을 정리해두면 좋다.

### ☑ 자주 쓰는 쇼핑 관련 표현

我喜欢去○○买东西。Wǒ xǐhuan qù ○○ mǎi dōngxi.
저는 ○○에 물건 사러 가는 것을 좋아합니다.

○○市场离我家很近。○○ shìchǎng lí wǒ jiā hěn jìn.
○○시장은 저의 집에서 아주 가깝습니다.

○○有很多质量好的商品。○○ yǒu hěn duō zhìliàng hǎo de shāngpǐn.
○○에는 품질이 좋은 상품이 많이 있습니다.

○○的东西又便宜又好。○○ de dōngxi yòu piányi yòu hǎo.
○○의 물건은 싸고 좋습니다.

跟○○逛街 gēn ○○ guàngjiē ○○와 (윈도)쇼핑하다

| | |
|---|---|
| 百货商店 bǎihuò shāngdiàn 백화점 | 大型超市 dàxíng chāoshì 대형마트 |
| 网上购买 wǎngshang gòumǎi 인터넷 구매 | 打折 dǎzhé 할인하다 |
| 付钱 fùqián 돈을 지불하다 | 结账 jiézhàng 계산하다 |
| 刷卡 shuākǎ 신용카드로 결제하다 | 找零钱 zhǎo língqián 잔돈을 거슬러주다 |
| 免费送货 miǎnfèi sònghuò 무료배송 | |

日用品 rìyòngpǐn 생활용품

| | | |
|---|---|---|
| 卫生纸 wèishēngzhǐ 화장지 | 牙膏 yágāo 치약 | 牙刷 yáshuā 칫솔 |
| 香皂 xiāngzào 비누 | 毛巾 máojīn 수건 | 洗发精 xǐfàjīng 샴푸 |

食品 shípǐn 음식, 식료품

| | | |
|---|---|---|
| 蔬菜 shūcài 채소 | 水果 shuǐguǒ 과일 | 鱼 yú 생선 |
| 肉 ròu 고기, 육류 | 面包 miànbāo 빵 | 牛奶 niúnǎi 우유 |
| 咖啡 kāfēi 커피 | | |

衣服 yīfu 옷

| | | |
|---|---|---|
| 裤子 kùzi 바지 | 鞋子 xiézi 신발 | 帽子 màozi 모자 |
| 领带 lǐngdài 넥타이 | 裙子 qúnzi 치마 | 大衣 dàyī 외투, 코트 |

家电 jiādiàn 가전제품

| | | |
|---|---|---|
| 手机 shǒujī 휴대전화 | 电脑 diànnǎo 컴퓨터 | 电视机 diànshìjī 텔레비전 |
| 电冰箱 diànbīngxiāng 냉장고 | 洗衣机 xǐyījī 세탁기 | 照相机 zhàoxiàngjī 사진기 |

书 shū 책

| | | |
|---|---|---|
| 杂志 zázhì 잡지 | 小说 xiǎoshuō 소설 | 漫画 mànhuà 만화 |

**예제 1**

Nǐ xǐhuan mǎi yīfu ma?
你 喜欢 买 衣服 吗?

**단어** 喜欢 xǐhuan 图 좋아하다 | 买 mǎi 图 사다 | 衣服 yīfu 圆 옷

**해석** 당신은 옷 사는 것을 좋아하나요?

---

**문제풀이 공략Tip**

'你喜欢~吗?'라는 문제에 답할 때 좋아한다고 해야 할까? 아니면 좋아하지 않는다고 해야 할까? 어느 쪽이든 상관없다. 자신이 답하기 쉬운 쪽으로 입장을 정리하여 논리적으로 답한다. 언제나 기억해야할 것은 출제자의 관심사는 답의 결론이 아니라 응시자가 답을 찾아가는 과정이라는 점이다!

---

**스스로 써보기**

**1** 자신이 대답할 내용의 개요를 작성해본다. 중국어나 한국어 모두 괜찮으며 자신이 알아볼 수만 있으면 된다.(제한시간 3분 30초)

---

**2** 자신이 작성한 개요를 보며 답을 녹음한다.(제한시간 1분 30초)

**3** 자신이 녹음한 답을 듣고 잘한 점과 보완할 점을 평가해본다.

---

**모범답안 1** 좋아할 경우 ∩168

　　女孩子 / 大部分都喜欢 / 买衣服，我也一样。一有时间 / 就会去逛街，就算不买，看看 / 也很高兴。朋友和家人 / 要买衣服的时候 / 我也会一起去，帮他们 / 看看。

　　Nǚháizi / dàbùfen dōu xǐhuan / mǎi yīfu, wǒ yě yíyàng. Yì yǒu shíjiān / jiù huì qù guàngjiē, jiùsuàn bù mǎi, kànkan / yě hěn gāoxìng. Péngyou hé jiārén / yào mǎi yīfu de shíhou / wǒ yě huì yìqǐ qù, bāng tāmen / kànkan.

여자들은 대부분이 옷 사는 것을 좋아합니다. 저도 마찬가지입니다. 저는 시간만 나면 거리를 거닐며 구경을 하는데, 설령 사지 않더라도 보는 것만으로도 즐겁습니다. 친구와 가족들이 옷을 사려 할 때는 저도 함께 가서 그들을 도와서 봐줍니다.

**단어**　孩子 háizi 명 (어린)아이[젊은 세대를 지칭하기도 함] | 大部分 dàbùfen 명 대부분 | 一样 yíyàng 형 같다 |
有时间 yǒu shíjiān 시간이 나다 | 一~就… yī ~ jiù … ~하(기만 하)면 바로 …하다 | 逛街 guàngjiē 동 길거리를 한가
로이 구경하다, (윈도)쇼핑하다 | 就算~也… jiùsuàn ~ yě … 설령/설사 ~하더라도/할지라도 …한다 | 高兴 gāoxìng 형
즐겁다, 신난다 | 家人 jiārén 명 식구, 가족

**모범답안 ❷**　　**좋아하지 않을 경우**　　🎧169

我很忙，没时间／逛街，我的衣服／都是妈妈买的，有时／女朋友／也会买
了送给我，所以／我很少／自己买衣服。我觉得／去买衣服／很浪费时间。我不
喜欢／去买衣服。

Wǒ hěn máng, méi shíjiān / guàngjiē, wǒ de yīfu / dōu shì māma mǎi de, yǒushí /
nǚpéngyou / yě huì mǎile sònggěi wǒ, suǒyǐ / wǒ hěn shǎo / zìjǐ mǎi yīfu. Wǒ juéde / qù
mǎi yīfu / hěn làngfèi shíjiān. Wǒ bù xǐhuan / qù mǎi yīfu.

저는 바빠서 쇼핑을 다닐 시간이 없습니다. 제 옷은 모두 엄마가 사주신 것입니다. 가끔 여자친구가 사서 저에게 선물해주
기도 합니다. 그래서 저는 스스로 옷을 사는 일이 거의 없습니다. 저는 옷을 사러 가는 것은 시간 낭비라고 생각합니다. 저는
옷 사러 가는 것을 좋아하지 않습니다.

**단어**　有时 yǒushí 부 어떤 때, 간혹 | 送给 sònggěi ~에게 선물하다/보내다 | 自己 zìjǐ 대 스스로 | 浪费 làngfèi
동 낭비하다 | 时间 shíjiān 명 시간

**예제 2**　Nǐ zuì xǐhuan qù nǎr guàngjiē? Nǐ xǐhuan mǎi shénme?
你 最 喜欢 去哪儿 逛街？ 你 喜欢 买 什么？

**단어**　最 zuì 부 가장, 제일 | 喜欢 xǐhuan 동 좋아하다 | 哪儿 nǎr 대 어디 | 逛街 guàngjiē 동 길거리를 한가로이
거닐며 구경하다, (윈도)쇼핑하다 | 买 mǎi 동 사다 | 什么 shénme 대 무엇, 무슨

**해석**　당신은 어디로 쇼핑 가는 것을 가장 좋아합니까? 무엇을 사는 것을 좋아하나요?

**🔍 문제풀이 공략Tip**

본인이 주로 쇼핑하는 곳의 지명이나 점포명을 중국어로 말할 수 있다면 더욱 좋은 점수를 받을 수 있지만, 단순
히 집 근처라든지 시장이라고 해도 괜찮다. 아예 쇼핑을 별로 좋아하지 않는다고 대답해도 전혀 문제되지 않는
다. 그러나 왜 그렇게 생각하는지 이유를 명확히 밝히는 것이 중요하다는 것을 꼭 기억하자. 한 가지 더! '어디에
가서 쇼핑하는지' 장소에 대해 답하는 것에 치중하다가 '무엇을 사는 것을 좋아하는지'에 대해 답하는 것을 잊어
서는 안 된다. 처음 문제를 읽을 때 답해야 할 내용마다 동그라미를 그려 놓으면 빠뜨리지 않고 모두 답하는 데
도움이 된다.

**스스로 써보기**

**1**　자신이 대답할 내용의 개요를 작성해본다. 중국어나 한국어 모두 괜찮으며 자신이 알아볼
　　수만 있으면 된다. (제한시간 3분 30초)

**모범답안 ❶** 재래시장, 인터넷을 이용할 경우 🎧170

　我喜欢 / 明洞和东大门，那里的东西 / 很多，价钱也不贵，而且 / 十分热闹。我去那儿主要是买衣服。我有时候 / 也会在网上 / 买东西，一般都是些 / 日用品。直接送到家里 / 很方便。

　Wǒ xǐhuan / Míngdòng hé Dōngdàmén, nàli de dōngxi / hěn duō, jiàqian yě bú guì, érqiě / shífēn rènao. Wǒ qù nàr zhǔyào shì mǎi yīfu. Wǒ yǒushíhou / yě huì zài wǎngshang / mǎi dōngxi, yìbān dōu shì xiē / rìyòngpǐn. Zhíjiē sòngdào jiāli / hěn fāngbiàn.

　저는 명동과 동대문을 좋아합니다. 그곳의 물건은 (종류도) 많고 가격도 비싸지 않습니다. 게다가 아주 번화합니다. 저는 거기에 주로 옷을 사러 갑니다. 저는 어떤 때는 인터넷에서 물건을 사기도 하는데, 대개 모두 생활용품입니다. 직접 집으로 배송해주니 매우 편리합니다.

**단어** 价钱 jiàqian 몡 가격 | 贵 guì 혱 비싸다 | 而且 érqiě 젭 게다가 | 十分 shífēn 튀 매우, 아주 | 热闹 rènao 혱 시끌벅적하다. 붐비다. 번화하다 | 主要是 zhǔyào shì 주로 ~이다 | 网上 wǎngshang 인터넷, 사이버 | 些 xiē 양 조금, 약간 | 日用品 rìyòngpǐn 몡 일용품, 생활필수품 | 直接 zhíjiē 혱 직접적이다 | 送到 sòngdào ~로 보내다/배달하다 | 方便 fāngbiàn 혱 편리하다

**모범답안 ❷** 대형마트를 이용할 경우 🎧171

　我喜欢 / 去大型超市买东西，因为 / 那里什么都有，不需要 / 再去 / 别的地方，很方便。我喜欢买 / 电子产品，比如 / 相机和电脑，因为 / 我喜欢照相，也喜欢 / 玩儿电子游戏。

　Wǒ xǐhuan / qù dàxíng chāoshì mǎi dōngxi, yīnwèi / nàli shénme dōu yǒu, bù xūyào / zài qù / bié de dìfang, hěn fāngbiàn. Wǒ xǐhuan mǎi / diànzǐ chǎnpǐn, bǐrú / xiàngjī hé diànnǎo, yīnwèi / wǒ xǐhuan zhàoxiàng, yě xǐhuan / wánr diànzǐ yóuxì.

　저는 대형마트에 가서 물건 사는 것을 좋아합니다. 그곳에는 뭐든지 다 있기 때문에 다시 다른 곳에 갈 필요가 없어서 편리합니다. 저는 예를 들면 사진기와 컴퓨터 같은 전자제품 사는 것을 좋아합니다. 왜냐하면 저는 사진 찍는 것을 좋아하고, 게임하는 것도 좋아하기 때문입니다.

**단어** 大型超市 dàxíng chāoshì 몡 대형마켓, 마트 | 别的 bié de 그밖에, 다른 | 地方 dìfang 몡 장소, 곳 | 电子产品 diànzǐ chǎnpǐn 몡 전자제품 | 比如 bǐrú 젭 예를 들어, 예컨대 | 相机 xiàngjī 몡 사진기 | 电脑 diànnǎo 몡 컴퓨터 | 照相 zhàoxiàng 동 사진 찍다 | 玩(儿) wán(r) 동 놀다, (놀이를) 하다 | 电子游戏 diànzǐ yóuxì 몡 전자오락, 게임

## (6) 건강&운동

현대인들은 건강과 운동에 대한 관심이 매우 높다. 따라서 운동의 범주에 속하는 헬스(체력관리), 다이어트, 마라톤이나 축구 등 각종 스포츠에 관한 문제들이 新HSK에서 반복 출제되고 있다. 건강에 대한 자신의 생각과 자신만의 건강관리법을 정리해두자. 더불어 설령 운동을 전혀 좋아하지 않는다고 할지라도, 적어도 한두 가지 정도의 운동에 대해서는 설명할 수 있도록 준비해두어야 한다.

---

### ✅ 자주 쓰는 건강·운동 관련 표현

**건강**
減肥 jiǎnféi 다이어트하다
肥胖 féipàng 비만이다
身材苗条 shēncái miáotiao 몸매가 날씬하다
胖了5公斤 pàngle wǔ gōngjīn 5킬로그램 살이 찌다
多吃蔬菜和水果 duō chī shūcài hé shuǐguǒ 채소와 과일을 많이 먹는다

減肥茶 jiǎnféichá 다이어트 차
戒烟 jièyān 금연하다

**운동**
打篮球 dǎ lánqiú 농구하다
打棒球 dǎ bàngqiú 야구하다
打排球 dǎ páiqiú 배구하다
练瑜伽 liàn yújiā 요가하다
加入俱乐部 jiārù jùlèbù (헬스)클럽에 가입하다
去健身房锻炼身体 qù jiànshēnfáng duànliàn shēntǐ 헬스클럽에 가서 체력을 단련하다
参加比赛 cānjiā bǐsài 시합에 참가하다

打乒乓球 dǎ pīngpāngqiú 탁구치다
打网球 dǎ wǎngqiú 테니스 치다
踢足球 tī zúqiú 축구하다

---

예제 1

Nǐ shì ge xǐhuan yùndòng de rén ma?
**你 是 个 喜欢 运动 的 人 吗?**

**단어** 喜欢 xǐhuan 图 좋아하다 | 运动 yùndòng 圆 图 운동(하다)

**해석** 당신은 운동을 좋아하는 사람입니까?

#### 🔎 문제풀이 공략Tip

운동을 좋아하든 좋아하지 않든 본인이 대답하기 쉬운 쪽을 선택하여 접근한다. 좋아하는 운동이 있다면 왜 그 운동을 좋아하게 되었는지 구체적으로 설명하자. 예를 들어 가족이나 지인의 권유를 받았다거나, TV에서 그 경기를 본 뒤로 흥미가 생기게 되었다는 등의 사유를 덧붙이는 것이 좋다. 좋아하는 스포츠 선수, 특히 중국인 선수의 이름을 답안에서 거론한다면 채점자에게 신선한 느낌을 줄 수 있으므로 좋은 점수를 받을 수 있다.

**1** 자신이 대답할 내용의 개요를 작성해본다. 중국어나 한국어 모두 괜찮으며 자신이 알아볼 수만 있으면 된다.(제한시간 3분 30초)

**2** 자신이 작성한 개요를 보며 답을 녹음한다.(제한시간 1분 30초)

**3** 자신이 녹음한 답을 듣고 잘한 점과 보완할 점을 평가해본다.

---

**모범답안 ❶  운동을 좋아할 경우**  🎧 172

　我 / 很喜欢 / 运动，除了 / 踢足球，也很喜欢 / 打篮球。一有时间 / 我就会去 / 运动。现在很忙，所以 / 没有时间 / 经常运动。但是 / 周末 / 我一定会 / 运动两个小时左右。

　Wǒ / hěn xǐhuan / yùndòng, chúle / tī zúqiú, yě hěn xǐhuan / dǎ lánqiú. Yì yǒu shíjiān / wǒ jiù huì qù / yùndòng. Xiànzài hěn máng, suǒyǐ / méiyǒu shíjiān / jīngcháng yùndòng. Dànshì / zhōumò / wǒ yídìng huì / yùndòng liǎng ge xiǎoshí zuǒyòu.

　저는 운동을 좋아합니다. 축구하는 것 외에 농구하는 것도 좋아합니다. 시간만 나면 저는 바로 운동을 하러 갑니다. 지금은 바빠서 자주 운동을 할 시간이 없습니다. 그러나 주말에 저는 꼭 두 시간 정도 운동을 합니다.

**단어**　除了~也… chúle ~ yě … ~외에 …도 ｜ 踢足球 tī zúqiú 축구를 하다 ｜ 打篮球 dǎ lánqiú 농구를 하다 ｜ 经常 jīngcháng 倒 자주, 종종 ｜ 一定 yídìng 倒 반드시, 꼭 ｜ 小时 xiǎoshí 倒 시간 ｜ 左右 zuǒyòu 倒 가량, 쯤

**모범답안 ❷  운동을 좋아하지 않을 경우**  🎧 173

　我从小 / 就 / 不太喜欢 / 体育课，体育成绩 / 也不太好，所以 / 不是个 / 喜欢运动的人。但我喜欢 / 跳舞，跳舞也可以 / 锻炼身体，还可以 / 帮助减肥。我觉得 / 其他运动对我来说 / 没有什么必要。

　Wǒ cóngxiǎo / jiù / bú tài xǐhuan / tǐyùkè, tǐyù chéngjì / yě bú tài hǎo, suǒyǐ / bú shì ge / xǐhuan yùndòng de rén. Dàn wǒ xǐhuan / tiàowǔ, tiàowǔ yě kěyǐ / duànliàn shēntǐ, hái kěyǐ / bāngzhù jiǎnféi. Wǒ juéde / qítā yùndòng duì wǒ lái shuō / méiyǒu shénme bìyào.

　저는 어려서부터 체육수업을 그다지 좋아하지 않았고 체육성적도 별로 좋지 않았습니다. 그래서 운동을 좋아하는 사람은 아닙니다. 그러나 저는 춤추는 것을 좋아합니다. 춤을 추면 체력도 단련할 수 있고 다이어트에도 도움이 됩니다. 저는 다른 운동은 저에게 있어 별로 필요가 없다고 생각합니다.

예제 2

Nǐ néng zuò shénme yùndòng? Méiyǒu de huà yǒu xiǎng xué de ma?
你 能 做 什么 运动? 没有 的 话 有 想 学 的 吗?

**단어** 能 néng 조동 ~할 수 있다 | 做运动 zuò yùndòng 운동을 하다 | ~的话 ~ de huà ~라면, ~하다면 | 想 xiǎng 조동 ~하고 싶다, ~하려고 하다 | 学 xué 동 배우다

**해석** 당신은 어떤 운동을 할 줄 아세요? 없다면 배우고 싶은 것이 있나요?

**문제풀이 공략Tip**

축구, 야구, 달리기, 수영 등 주변에서 흔히 접할 수 있는 운동에 대해 중국어로 설명할 수 있도록 사전에 준비해 둔다면 이 문제뿐만 아니라 취미나 여가생활에 대한 문제에 답할 때도 응용할 수 있다. 답을 할 때는 너무 독특하거나 특정한 상황을 설명하려다가 문장 오류를 범하는 것보다 일상적이고 흔한 내용일지라도 정확하고 유창하게 표현하는 것이 합격 비결이다.

**스스로 써보기**

**1** 자신이 대답할 내용의 개요를 작성해본다. 중국어나 한국어 모두 괜찮으며 자신이 알아볼 수만 있으면 된다.(제한시간 3분 30초)

**2** 자신이 작성한 개요를 보며 답을 녹음한다.(제한시간 1분 30초)

**3** 자신이 녹음한 답을 듣고 잘한 점과 보완할 점을 평가해본다.

**모범답안 ①** 할 줄 아는 운동이 있을 경우

我 / 足球 / 踢得 / 很好，篮球 / 打得 / 也不错。平时 / 我也很喜欢 / 看棒球，但是 / 没有打过，所以 / 有机会的时候，我想学 / 打棒球。我觉得 / 我能打得很好。

Wǒ / zúqiú / tī de / hěn hǎo, lánqiú / dǎ de / yě búcuò. Píngshí / wǒ yě hěn xǐhuan / kàn bàngqiú, dànshì / méiyǒu dǎguo, suǒyǐ / yǒu jīhuì de shíhou, wǒ xiǎng xué / dǎ bàngqiú. Wǒ juéde / wǒ néng dǎ de hěn hǎo.

저는 축구를 잘하고, 농구도 잘합니다. 평소에 저는 야구 보는 것도 좋아하는데, 해본 적은 없습니다. 그래서 기회가 있을 때 저는 야구를 배우고 싶습니다. 저는 제가 잘할 수 있을 것이라고 생각합니다.

**단어** 打 dǎ 图 (손으로 공을) 치다, 때리다 | 不错 búcuò 휑 잘하다 | 打棒球 dǎ bàngqiú 야구를 하다

**모범답안 ②** 할 줄 아는 운동이 없을 경우

虽然 / 我不太喜欢 / 运动，但是 / 我在电视上 / 看过 / 游泳比赛，选手们 / 很帅，比赛 / 也很精彩，所以 / 我对游泳 / 有些兴趣。有机会的话 / 想学习游泳，学会游泳后，夏天 / 我想跟朋友 / 一起去海边玩儿。

Suīrán / wǒ bú tài xǐhuan / yùndòng, dànshì / wǒ zài diànshì shang / kànguo / yóuyǒng bǐsài, xuǎnshǒumen / hěn shuài, bǐsài / yě hěn jīngcǎi, suǒyǐ / wǒ duì yóuyǒng / yǒu xiē xìngqù. Yǒu jīhuì de huà / xiǎng xuéxí yóuyǒng, xuéhuì yóuyǒng hòu, xiàtiān / wǒ xiǎng gēn péngyou / yìqǐ qù hǎibian wánr.

비록 저는 운동을 그다지 좋아하지 않지만, 텔레비전에서 수영 경기를 본 적 있는데, 선수들이 잘생기고 시합도 멋져서, 저는 수영에 좀 흥미가 생겼습니다. 기회가 된다면 수영을 배우고 싶고, 수영을 배운 후에는 여름에 친구와 함께 해변으로 놀러 가고 싶습니다.

**단어** 虽然~但是… suīrán ~ dànshì … 비록 ~하지만 그러나 … | 电视 diànshì 멩 텔레비전 | 游泳 yóuyǒng 图 수영하다 | 比赛 bǐsài 멩 경기, 시합 | 选手 xuǎnshǒu 멩 선수 | 帅 shuài 휑 잘생기다 | 精彩 jīngcǎi 휑 (경기가) 훌륭하다, 멋지다 | 有兴趣 yǒu xìngqù 흥미가 있다 | 夏天 xiàtiān 멩 여름 | 海边 hǎibian 멩 해변, 바닷가

## (7) 주말·휴일&휴가

최근 회사에서의 업무나 학교에서의 학습 등 일상생활 못지않게 주말이나 휴일, 휴가 등의 여가 시간이 중시되면서 회화의 주제로도 자주 거론되고 있다. 다양한 체험과 경험담을 소개할 수 있다면 물론 훌륭한 답이 되겠지만, 만약 특별한 경험이 없다면 '이번 주말에는 무엇을 하려고 한다'는 식의 새로운 계획을 설계하는 것도 좋은 답이 될 수 있다.

**예제 1**

Zhōumò nǐ shì zěnme guò de?
周末 你 是 怎么 过 的?

**단어** 周末 zhōumò 몡 주말 | 怎么 zěnme 떼 어떻게, 어째서 | 过 guò 동 (시점을) 지내다, 보내다

**해석** 당신은 주말을 어떻게 보내십니까?

**문제풀이 공략Tip**

주중의 일상과는 뭔가 다른 주말 활동들을 소개하는 것이 좋다. '나의 주말은 주중과 똑같다', '특별한 것이 없다' 같은 다소 부정적이고 지루해 보이는 답보다는 주말에만 할 수 있는 일들을 소개하는 것이 채점자에게는 신선하고 긍정적으로 느껴져 좋은 점수를 얻을 수 있다.

**스스로 써보기**

**1** 자신이 대답할 내용의 개요를 작성해본다. 중국어나 한국어 모두 괜찮으며 자신이 알아볼 수만 있으면 된다. (제한시간 3분 30초)

**2** 자신이 작성한 개요를 보며 답을 녹음한다. (제한시간 1분 30초)

**모범답안 ①** 학생인 경우 🎧176

我 / 一般会和朋友 / 见面，一起吃饭 / 一起聊天，有时间的话 / 也会 / 一起去逛街。平时 / 忙着学习，没有时间 / 打扫卫生，周末 / 也会帮妈妈 / 做家务。有时候 / 也会和家人 / 一起出去玩儿。

Wǒ / yìbān huì hé péngyou / jiànmiàn, yìqǐ chīfàn / yìqǐ liáotiān, yǒu shíjiān de huà / yě huì / yìqǐ qù guàngjiē. Píngshí / mángzhe xuéxí, méiyǒu shíjiān / dǎsǎo wèishēng, zhōumò / yě huì bāng māma / zuò jiāwù. Yǒushíhou / yě huì hé jiārén / yìqǐ chūqu wánr.

저는 보통 친구와 만나 함께 밥을 먹고 수다를 떱니다. 시간이 있으면 함께 거리를 거닐며 구경을 합니다. 평상시에는 공부하느라 바빠 청소를 할 시간이 없어서, 주말에는 엄마를 도와 집안일을 하기도 합니다. 어떤 때는 가족과 함께 놀러 가기도 합니다.

**단어** 见面 jiànmiàn ⑧ 만나다 | 聊天 liáotiān ⑧ 잡담하다, 수다를 떨다 | 打扫卫生 dǎsǎo wèishēng 청소를 하다 | 做家务 zuò jiāwù 집안일을 하다

**모범답안 ②** 회사원인 경우 🎧177

平时 / 上班很忙，所以 / 周末 / 我常睡懒觉，看看 / 想看的书 / 和电影，也会和朋友 / 喝酒和锻炼身体。如果 / 有需要买的 / 东西，也会去超市看看后 / 买回家。有时候也会回老家 / 和家人见面。

Píngshí / shàngbān hěn máng, suǒyǐ / zhōumò / wǒ cháng shuì lǎnjiào, kànkan / xiǎng kàn de shū / hé diànyǐng, yě huì hé péngyou / hē jiǔ hé duànliàn shēntǐ. Rúguǒ / yǒu xūyào mǎi de / dōngxi, yě huì qù chāoshì kànkan hòu / mǎihuí jiā. Yǒushíhou yě huì huí lǎojiā / hé jiārén jiànmiàn.

평소에는 출근하느라 바빠서, 주말에 저는 자주 늦잠을 자고, 보고 싶었던 책과 영화를 봅니다. 친구와 술을 마시고 체력을 단련하기도 합니다. 만약 사야 할 물건이 있으면 마트에 가서 둘러 본 후 사서 집에 옵니다. 때로는 고향에 돌아가 가족과 만나기도 합니다.

**단어** 常 cháng ⑨ 늘, 자주 | 睡懒觉 shuì lǎnjiào 늦잠을 자다 | 喝酒 hē jiǔ 술을 마시다 | 锻炼 duànliàn ⑧ 단련하다 | 如果 rúguǒ ⑩ 만약, 만일 | 需要 xūyào ⑧ 필요하다 | 超市 chāoshì ⑱ 슈퍼마켓, 마트 | 老家 lǎojiā ⑱ 고향(집)

---

**예제 2**

Fàngjià shí nǐ xǐhuan chūqu wán, háishi xǐhuan zài jiāli ne?
放假 时 你 喜欢 出去 玩， 还是 喜欢 在 家里 呢?

**단어** 放假 fàngjià ⑧ (학교가) 방학하다, (직장이 휴가로) 쉬다 | 时 shí ⑱ 때, 시간 | 喜欢 xǐhuan ⑧ 좋아하다 | 出去 chūqu ⑧ 나가다 | 玩(儿) wán(r) ⑧ 놀다 | 还是 háishi ⑩ 또는, 아니면 | 家里 jiāli ⑱ 집, 집안, 가정

**해석** 방학(휴가) 때 당신은 놀러 나가는 것을 좋아하나요? 아니면 집에 있는 것을 좋아하나요?

밖으로 나가 노는 것과 집에 머무르는 것은 각각 그 나름의 장단점을 가지고 있다. 어느 쪽이든 자신이 쉽게 표현할 수 있는 쪽을 선택하여 답안을 준비한다. 장점과 단점을 비교하면서 설명한다면 더욱 논리적으로 받아들여져서 좋은 점수를 얻을 수 있다.

**스스로 써보기**

**1** 자신이 대답할 내용의 개요를 작성해본다. 중국어나 한국어 모두 괜찮으며 자신이 알아볼 수만 있으면 된다.(제한시간 3분 30초)

**2** 자신이 작성한 개요를 보며 답을 녹음한다.(제한시간 1분 30초)

**3** 자신이 녹음한 답을 듣고 잘한 점과 보완할 점을 평가해본다.

**모범답안 ❶ 재학생인 경우** 🎧178

我觉得 / 放假时 / 一个人 / 在家呆着，睡懒觉、看电视，很无聊，真是 / 浪费时间。应该 / 出去旅游，看看世界，丰富生活。所以我喜欢 / 夏天放假时 / 跟朋友 / 一起去 / 海边玩儿，冬天放假时 / 跟家人 / 一起去 / 滑雪，真的 / 很有意思。

Wǒ juéde / fàngjià shí / yí ge rén / zài jiā dāizhe, shuì lǎnjiào、kàn diànshì, hěn wúliáo, zhēnshi / làngfèi shíjiān. Yīnggāi / chūqu lǚyóu, kànkan shìjiè, fēngfù shēnghuó. Suǒyǐ wǒ xǐhuan / xiàtiān fàngjià shí / gēn péngyou / yìqǐ qù / hǎibian wánr, dōngtiān fàngjià shí / gēn jiārén / yìqǐ qù / huáxuě, zhēn de / hěn yǒuyìsi.

저는 방학 때 혼자 집에 있으면서 늦잠을 자고 TV를 보는 것은 아주 따분하고 정말 시간낭비라고 생각합니다. 마땅히 여행을 나가서 세상을 좀 보고 생활을 풍부하게 해야 합니다. 그래서 저는 여름에 방학을 하면 친구들과 함께 해변에 가서 놀고, 겨울에 방학을 하면 가족들과 함께 스키 타러 가는 것을 좋아합니다. 정말 재미있습니다.

**단어** 觉得 juéde 图 ~라고 여기다/생각하다 | 呆 dāi 图 ~에 머물다, ~에서 지내다 | 睡懒觉 shuì lǎnjiào 늦잠을 자다 | 无聊 wúliáo 阌 무료하다, 따분하다 | 真是 zhēnshi 囝 정말, 사실상, 실로[강조를 나타냄] | 浪费 làngfèi 图 낭비하다 | 时间 shíjiān 阌 시간 | 世界 shìjiè 阌 세계, 세상 | 丰富 fēngfù 图 풍부하게 하다 | 生活 shēnghuó 阌 생활 | 夏天 xiàtiān 阌 여름 | 海边 hǎibian 阌 해안, 바닷가 | 冬天 dōngtiān 阌 겨울 | 滑雪 huáxuě 阌图 스키(를 타다)

**모범답안 ❷** 졸업생인 경우 🎧179

以前 / 上大学时，一放假 / 我就会 / 出去旅行。但是现在 / 我工作很忙，没有 / 什么假期，所以 / 没有时间 / 出去玩儿。最近 / 要学习的东西 / 也很多，所以 / 总会在家里 / 看书。

Yǐqián / shàng dàxué shí, yí fàngjià / wǒ jiù huì / chūqu lǚxíng. Dànshì xiànzài / wǒ gōngzuò hěn máng, méiyǒu / shénme jiàqī, suǒyǐ / méiyǒu shíjiān / chūqu wánr. Zuìjìn / yào xuéxí de dōngxi / yě hěn duō, suǒyǐ / zǒng huì zài jiāli / kàn shū.

예전에 대학에 다닐 때는 방학만 하면 저는 여행을 다녔습니다. 그러나 지금은 일이 바쁘고 별다른 휴가도 없어서 놀러 나갈 시간이 없습니다. 요즘은 배워야 할 것도 많아서 늘 집에서 책을 봅니다.

**단어** 旅行 lǚxíng 통 여행하다 | 假期 jiàqī 명 휴가기간, 휴일 | 最近 zuìjìn 명 최근, 요즈음 | 总 zǒng 부 늘, 언제나

## (8) 여행

현대인의 일상에서 여행이 차지하는 비중이 점점 커져가고 있는 만큼 회화에서도 중요한 화제(話題) 중 하나가 되고 있다. 여행 경험이 풍부하다면 언제, 어디서, 무엇을 느꼈는지 자신의 경험담을 하나하나 차근차근 정리해보고, 여행 경험이 많지 않다면 앞으로의 여행 계획을 미리 짜봄으로써 출제확률이 높은 여행 관련 문제들에 대해 사전에 대처해두는 것이 좋다.

### ✅ 자주 쓰는 여행 관련 표현

出去旅游 chūqu lǚyóu 나가서 여행하다, 여행 가다
去国外旅行 qù guówài lǚxíng 외국에 여행 가다
去海边玩 qù hǎibian wán 해변에 가서 놀다

已经去过○○三次 yǐjing qùguo ○○ sān cì 이미 ○○에 3번 갔었다
还没去过○○ hái méi qùguo ○○ 아직 ○○에 가본 적 없다
想去○○看看 xiǎng qù ○○ kànkan ○○에 한 번 가보고 싶다
想再去一次 xiǎng zài qù yí cì 다시 한 번 가보고 싶다

○○的印象很深刻 ○○ de yìnxiàng hěn shēnkè ○○의 인상이 매우 깊다
忘不了○○的风景 wàngbuliǎo ○○ de fēngjǐng ○○의 풍경을 잊을 수 없다
上次去○○的旅行很愉快。 Shàng cì qù ○○ de lǚxíng hěn yúkuài.
지난번 ○○에 갔던 여행은 매우 즐거웠다.

예제 1

Nǐ xǐ bu xǐhuan lǚxíng? Wèishénme?
你 喜 不 喜欢 旅行？ 为 什 么？

**단어** 喜欢 xǐhuan 튕 좋아하다 | 旅行 lǚxíng 튕 여행하다 | 为什么 wèishénme 뤗 왜, 어째서

**해석** 당신은 여행을 좋아합니까? 왜 그런가요?

---

**문제풀이 공략Tip**

여행을 좋아한다거나 좋아하지 않는다거나, 어느 쪽으로 답을 작성하든 상관없다. 다만 응시자 입장에서 이 문제는 부정적인 답보다 긍정적인 답을 작성하기가 비교적 쉽다. 왜냐하면 좋아한다고 하면 '여행은 재미있다(旅行很有意思)', '여행을 가면 많은 것을 배울 수 있다(出去旅行，可以学到很多东西)', '지난번 중국여행은 정말 즐거웠다(上次中国旅行真有意思)', '다시 한 번 여행 가고 싶다(再想去一次)' 등 기본적인 문장들로 충분히 답을 작성할 수 있기 때문이다.

---

**스스로 써보기**

**1** 자신이 대답할 내용의 개요를 작성해본다. 중국어나 한국어 모두 괜찮으며 자신이 알아볼 수만 있으면 된다.(제한시간 3분 30초)

---
---
---

**2** 자신이 작성한 개요를 보며 답을 녹음한다.(제한시간 1분 30초)

**3** 자신이 녹음한 답을 듣고 잘한 점과 보완할 점을 평가해본다.

---

**모범답안 ①** 여행을 좋아할 경우  🎧180

　我 / 非常喜欢 / 旅游。上大学的 / 时候，一放假 / 我就会 / 出去旅游。我去过 / 很多地方，也去过 / 美国和日本。以后 / 有时间的话，我也想 / 去中国 / 旅行。旅行的时候 / 可以看到 / 很多东西，感觉很好。

　Wǒ / fēicháng xǐhuan / lǚyóu. Shàng dàxué de / shíhou, yí fàngjià / wǒ jiù huì / chūqu lǚyóu. Wǒ qùguo / hěn duō dìfang, yě qùguo / Měiguó hé Rìběn. Yǐhòu / yǒu shíjiān de huà, wǒ yě xiǎng / qù Zhōngguó / lǚxíng. Lǚxíng de shíhou / kěyǐ kàndào / hěn duō dōngxi, gǎnjué hěn hǎo.

저는 여행을 아주 좋아합니다. 대학에 다닐 때는 방학만 하면 저는 바로 여행을 떠났습니다. 저는 많은 곳을 가봤고, 미국과 일본도 가봤습니다. 이후에 시간이 나면 중국에도 여행 가고 싶습니다. 여행할 때는 많은 것을 볼 수 있어서 기분이 아주 좋습니다.

**단어** 旅游 lǚyóu 통 여행하다, 관광하다 | 上大学 shàng dàxué 대학에 다니다 | 一~就… yī ~ jiù … ~하(기만 하)면 바로 …하다 | 放假 fàngjià 통 방학하다 | 美国 Měiguó 명 미국 | 日本 Rìběn 명 일본 | 旅行 lǚxíng 통 여행하다 | 感觉 gǎnjué 명 느낌

**모범답안 ❷** 여행을 좋아하지 않을 경우 ∩181

我 / 不太喜欢 / 旅游。因为 / 出去前 / 要准备 / 很多的东西，很麻烦，也很累，也要 / 花很多的钱。所以 / 喜欢在家 / 看书、听音乐，还能吃 / 妈妈做的饭菜，很舒服。跟出去旅游相比，我更喜欢 / 在家休息。

Wǒ / bú tài xǐhuan / lǚyóu. Yīnwèi / chūqu qián / yào zhǔnbèi / hěn duō de dōngxi, hěn máfan, yě hěn lèi, yě yào / huā hěn duō de qián. Suǒyǐ / xǐhuan zài jiā / kàn shū、tīng yīnyuè, hái néng chī / māma zuò de fàncài, hěn shūfu. Gēn chūqu lǚyóu xiāngbǐ, wǒ gèng xǐhuan / zài jiā xiūxi.

저는 여행을 별로 좋아하지 않습니다. 왜냐면 나가기 전에 많은 것을 준비해야 해서 아주 귀찮고 피곤하며, 돈도 많이 써야 하기 때문입니다. 그래서 집에서 책을 읽고 음악을 듣는 것을 좋아합니다. 또 어머니가 해주시는 음식을 먹을 수도 있으니 정말 편안합니다. 여행을 떠나는 것과 비교하면, 저는 집에서 쉬는 것이 더 좋습니다.

**단어** 旅游 lǚyóu 통 여행하다, 관광하다 | 准备 zhǔnbèi 통 준비하다 | 麻烦 máfan 형 성가시다, 귀찮다 | 花 huā 통 쓰다, 소비하다 | 饭菜 fàncài 명 밥과 반찬, 음식 | 舒服 shūfu 형 편안하다 | 跟~相比 gēn ~ xiāng bǐ ~와 서로 비교하다

Nǐ xǐhuan qù nǎr lǚxíng?
你 喜欢 去 哪儿 旅行?

**단어** 喜欢 xǐhuan 통 좋아하다 | 哪儿 nǎr 대 어디 | 旅行 lǚxíng 통 여행하다
**해석** 당신은 어디로 여행 가는 것을 좋아합니까?

**문제풀이 공략Tip**

자신의 과거 경험에 근거해서 말할 수 있다면 좋은 답이 될 것이다. 그러나 특별한 경험이 없다면 다가올 미래에 대한 계획을 세우거나, '누가 어디에 가봤는데 좋다고 말해주었다'라는 식으로 주변 사람의 경험을 소개하고, '나도 그곳에 가보고 싶다(我也想去那里看看)'라고 마무리 짓는다면 훌륭한 답이 될 것이다.

 스스로 써보기

**1** 자신이 대답할 내용의 개요를 작성해본다. 중국어나 한국어 모두 괜찮으며 자신이 알아볼 수만 있으면 된다.(제한시간 3분 30초)

**2** 자신이 작성한 개요를 보며 답을 녹음한다.(제한시간 1분 30초)

**3** 자신이 녹음한 답을 듣고 잘한 점과 보완할 점을 평가해본다.

---

**모범답안 ❶**  **단거리 여행을 좋아할 경우**  🎧 182

　我喜欢 / 去离家不远的地方 / 旅行，去得太远 / 真的很累。以前 / 我去过 / 江原道的春川，早上出发，白天游玩，晚上 / 回家休息，真的很好。我喜欢 / 只有一天的 / 旅行。

Wǒ xǐhuan / qù lí jiā bù yuǎn de dìfang / lǚxíng, qù de tài yuǎn / zhēn de hěn lèi. Yǐqián / wǒ qùguo / Jiāngyuándào de Chūnchuān, zǎoshang chūfā, báitiān yóuwán, wǎnshang / huíjiā xiūxi, zhēn de hěn hǎo. Wǒ xǐhuan / zhǐyǒu yì tiān de / lǚxíng.

저는 집에서 멀지 않은 곳으로 여행 가는 것을 좋아합니다. 너무 멀리 가면 정말 피곤합니다. 예전에 강원도 춘천에 간 적이 있는데, 아침에 출발해서 낮에 놀고 저녁에 집에 돌아와 쉬니 정말 좋았습니다. 저는 당일치기 여행을 좋아합니다.

---

**단어**　家 jiā 몡 집 | 远 yuǎn 혱 멀다 | 地方 dìfang 몡 장소, 곳 | 旅行 lǚxíng 됭 여행하다 | 累 lèi 혱 피곤하다 | 江原道 Jiāngyuándào 몡 강원도[지명] | 春川 Chūnchuān 몡 춘천[지명] | 出发 chūfā 됭 출발하다 | 游玩 yóuwán 됭 놀다, 유람하며 즐기다 | 休息 xiūxi 됭 쉬다

---

**모범답안 ❷**  **모든 여행을 좋아할 경우**  🎧 183

　我觉得 / 旅行 / 就是一件 / 很有意思的 / 事情。近的地方 / 也好，远的地方 / 也好。我以前 / 坐飞机 / 去美国 / 旅行，真的 / 很有意思。有机会 / 我还想 / 再去玩儿。

Wǒ juéde / lǚxíng / jiù shì yí jiàn / hěn yǒuyìsi de / shìqing. Jìn de dìfang / yě hǎo, yuǎn de dìfang / yě hǎo. Wǒ yǐqián / zuò fēijī / qù Měiguó / lǚxíng, zhēn de / hěn yǒuyìsi. Yǒu jīhuì / wǒ hái xiǎng / zài qù wánr.

저는 여행이 매우 재미있는 일이라고 생각합니다. 가까운 곳도 좋고 먼 곳도 좋습니다. 저는 예전에 비행기를 타고 미국으로 여행을 갔었는데 정말 재미있었습니다. 기회가 있으면 저는 다시 놀러 가고 싶습니다.

---

**단어**　件 jiàn 얭 건, 개[일·사건을 세는 단위] | 事情 shìqing 몡 일, 사건 | 近 jìn 혱 가깝다 | 也好 yě hǎo ~하는 것도 좋다[구의 처음이나 끝에 쓰여 동의 혹은 찬성을 나타냄] | 飞机 fēijī 몡 비행기 | 机会 jīhuì 몡 기회, 찬스 | 还 hái 뵈 또 | 玩(儿) wán(r) 됭 놀다

## 실전테스트

# [1-4] 回答问题

Qǐng nǐ jièshào yíxià yìnxiàng zuì shēn de lǎoshī.
**1.** 请 你 介绍 一下 印象 最 深 的 老师。

□ 준비시간 : 3분 30초
□ 답 녹음시간 : 1분 30초

Nǐ xǐ bu xǐhuan shàngwǎng? Wèishénme?
**2.** 你 喜 不 喜欢 上 网 ? 为什么?

□ 준비시간 : 3분 30초
□ 답 녹음시간 : 1분 30초

**3.**
Nǐ yǒu méiyǒu Zhōngguó péngyou? Nǐmen zěnme rènshi de?
你 有 没 有 中 国 朋友? 你们 怎么 认识 的?

Méiyǒu de huà xiǎng jiāo yí ge Zhōngguó péngyou ma?
没有 的 话, 想 交 一 个 中 国 朋 友 吗?

□ 준비시간 : 3분 30초
□ 답 녹음시간 : 1분 30초

**4.**
Nǐ huì zuòfàn ma? Yǒu méiyǒu náshǒucài?
你 会 做饭 吗? 有 没 有 拿手菜?

□ 준비시간 : 3분 30초
□ 답 녹음시간 : 1분 30초

**1**

Qǐng nǐ jièshào yíxià yìnxiàng zuì shēn de lǎoshī.
请 你 介绍 一下 印象 最 深 的 老师。

**단어** 请 qǐng ⑧ 청하다, ~하세요 | 介绍 jièshào ⑧ 소개하다 | 一下 yíxià ⑧ 좀 ~해보다 | 印象 yìnxiàng ⑨ 인상 | 最 zuì ⑨ 가장 | 深 shēn ⑧ 깊다 | 老师 lǎoshī ⑨ 선생님

**해석** 가장 인상 깊은 선생님을 소개해보세요.

**문제풀이 공략Tip**

초등학교(小学), 중학교(初中), 고등학교(高中), 대학교(大学) 중 어느 때의 선생님이든지 자신에게 가장 깊은 인상을 남겼거나 자신이 가장 좋아했던 선생님을 소개하면 된다. 왜 그렇게 생각하게 되었고, 그로 인해 자신의 삶은 어떤 영향을 받아 어떻게 변화되었는지로 끝낸다면 '서론-본론-결론'이 자연스럽게 완성되어 좋은 답이 될 것이다.

**모범답안** 🎧184

　我最难忘的老师 / 是我小学一年级时的 / 班主任。她长得胖胖的，看上去 / 很善良，她对我们 / 非常友善，因为我们 / 是刚入学的新生，所以对一切 / 都很不习惯。老师很耐心地 / 教育我们，告诉我们 / 应该怎么做，使我们 / 很快适应了 / 学校的生活。我们都很 / 感谢她。

Wǒ zuì nánwàng de lǎoshī / shì wǒ xiǎoxué yī niánjí shí de / bānzhǔrèn. Tā zhǎng de pàngpang de, kàn shangqu / hěn shànliáng, tā duì wǒmen / fēicháng yǒushàn, yīnwèi wǒmen / shì gāng rùxué de xīnshēng, suǒyǐ duì yíqiè / dōu hěn bù xíguàn. Lǎoshī hěn nàixīn de / jiàoyù wǒmen, gàosu wǒmen / yīnggāi zěnme zuò, shǐ wǒmen / hěn kuài shìyìngle / xuéxiào de shēnghuó. Wǒmen dōu hěn / gǎnxiè tā.

제가 가장 잊을 수 없는 선생님은 저의 초등학교 1학년 때 담임선생님입니다. 그녀는 통통하게 생기셨고 선량해 보입니다. 그녀는 우리에게 아주 다정했습니다. 우리는 막 입학한 신입생이기 때문에 모든 것이 다 익숙하지 않았습니다. 선생님은 참을성 있게 우리를 교육하셨습니다. 우리가 어떻게 해야 하는지 알려주고, 우리가 학교생활에 빨리 적응할 수 있게 해주셨습니다. 우리는 모두 그녀에게 감사합니다.

**단어** 难忘 nánwàng ⑧ 잊기 어렵다, 잊을 수 없다 | 班主任 bānzhǔrèn ⑨ 담임교사 | 胖 pàng ⑧ 뚱뚱하다 | 善良 shànliáng ⑧ 선량하다, 착하다 | 友善 yǒushàn ⑧ 다정하다, 우호적이다 | 入学 rùxué ⑧ 입학하다 | 新生 xīnshēng ⑨ 신입생 | 一切 yíqiè ⑩ 일체, 전부 | 习惯 xíguàn ⑧ 습관이 되다, 적응하다, 익숙해지다 | 耐心 nàixīn ⑧ 참을성이 있다, 인내심이 있다 | 教育 jiàoyù ⑧ 교육하다 | 告诉 gàosu ⑧ 말하다, 알리다 | 适应 shìyìng ⑧ 적응하다 | 感谢 gǎnxiè ⑧ 감사하다, 고맙게 여기다

Nǐ  xǐ  bu  xǐhuan  shàngwǎng?  Wèishénme?
你 喜 不 喜欢 上 网? 为什么?

**단어**　喜欢 xǐhuan 통 좋아하다 | 上网 shàngwǎng 통 인터넷을 하다, 웹에 연결하다 | 为什么 wèishénme 부 왜, 어째서

**해석**　당신은 인터넷하는 것을 좋아합니까? 왜 그런가요?

### 문제풀이 공략Tip

컴퓨터와 휴대전화, 그리고 인터넷은 현대인들의 필수품이라고 할 수 있다. 그중에서도 인터넷은 우리의 생활에 막대한 영향을 미치고 있다. 자신의 일상 속에서 인터넷의 비중과 쓰임에 대해 정리하여 답을 작성해보자. 먼저 좋아하는지 싫어하는지를 밝히고, 왜 그렇게 생각하는지도 빠뜨리지 않고 말해야 한다.

### 모범답안　🎧185

　　我很喜欢 / 上网，因为通过网络，我可以 / 不用出门 / 就知道 / 许多世界上发生的事情，这在以前 / 是不可能的。网络也使我 / 有了更多的朋友，我可以 / 通过网络 / 认识世界各地的朋友，和他们 / 上网聊天。最后，网络游戏 / 也很有意思。上网丰富了我的生活。

Wǒ hěn xǐhuan / shàngwǎng, yīnwèi tōngguò wǎngluò, wǒ kěyǐ / bú yòng chūmén / jiù zhīdào / xǔduō shìjiè shang fāshēng de shìqing, zhè zài yǐqián / shì bù kěnéng de. Wǎngluò yě shǐ wǒ / yǒule gèng duō de péngyou, wǒ kěyǐ / tōngguò wǎngluò / rènshi shìjiè gèdì de péngyou, hé tāmen / shàngwǎng liáotiān. Zuìhòu, wǎngluò yóuxì / yě hěn yǒuyìsi. Shàngwǎng fēngfùle wǒ de shēnghuó.

저는 인터넷하는 것을 좋아합니다. 웹을 통해 저는 밖에 나가지 않고도 세계에서 발생한 많은 일들을 알 수 있기 때문입니다. 이것은 예전에는 불가능한 것이었습니다. 웹은 또한 저에게 더 많은 친구가 생기게 해주었습니다. 저는 웹을 통해 세계 각지의 친구를 알게 되었고, 그들과 인터넷으로 채팅을 합니다. 마지막으로 온라인게임도 매우 재미있습니다. 인터넷은 저의 생활을 풍부하게 해주었습니다.

**단어**　通过 tōngguò 전 ~를 통해 | 网络 wǎngluò 명 네트워크(network), 웹(web) | 不用 búyòng 부 ~할 필요가 없다 | 出门 chūmén 통 외출하다, 집을 나서다 | 许多 xǔduō 형 매우 많다, 허다하다 | 世界 shìjiè 명 세계 | 发生 fāshēng 통 (원래 없던 현상이) 발생하다 | 事情 shìqing 명 일, 사건 | 朋友 péngyou 명 친구, 벗 | 各地 gèdì 명 각지, 여러 곳 | 聊天 liáotiān 통 잡담하다, 채팅하다 | 最后 zuìhòu 끝으로, 맨 마지막으로 | 网络游戏 wǎngluò yóuxì 명 온라인게임 | 有意思 yǒuyìsi 형 재미있다, 흥미있다 | 丰富 fēngfù 통 풍부하게 하다 형 풍족하다

Nǐ  yǒu  méiyǒu  Zhōngguó  péngyou?  Nǐmen  zěnme  rènshi  de?
你 有 没 有 中 国 朋友？ 你们 怎么 认识 的？

Méiyǒu  de  huà,  xiǎng  jiāo  yí  ge  Zhōngguó  péngyou  ma?
没 有 的 话， 想 交 一 个 中 国 朋 友 吗？

**단어** 中国 Zhōngguó 몡 중국 │ 朋友 péngyou 몡 친구 │ 怎么 zěnme 떼 어떻게, 어째서 │ 认识 rènshi 됭 (사람을) 알다, 인식하다 │ ~的话 ~ de huà ~라면, ~하면 │ 想 xiǎng 조동 ~하고 싶다, ~하려고 하다 │ 交 jiāo 됭 사귀다, 교제하다, 왕래하다

**해석** 당신은 중국인 친구가 있습니까? 당신들은 어떻게 알게 되었나요? 없다면 중국인 친구를 사귀고 싶은가요?

✎ **문제풀이 공략Tip**

중국어 공부 방법이나 중국문화, 중국인 친구 등 중국과 관련된 문제는 시험에서 단골로 출제된다. 중국인과 친구가 된다면 중국문화도 알 수 있고, 중국어도 배울 수 있어서 일석이조라 할 수 있다. 이 문제에서는 2가지를 묻고 있다. 즉 (1) 중국인 친구의 존재 여부, (2) ⓐ 있다면 사귀게 된 경위, ⓑ 없다면 사귀고 싶은가 하는 것이다. 따라서 답을 할 때는 먼저 (1)의 중국인 친구가 있는지에 대해 밝힌 뒤, (2)의 ⓐ와 ⓑ 중 자신에게 해당하는 사항에 대해서도 빠뜨리지 말고 언급해야 한다. 채점자가 중국인이라는 사실을 잊지 말고, 가능한 한 중국인들에게 호감을 줄 수 있는 내용으로 긍정적인 측면의 답을 작성한다.

**모범답안** 🎧186

　　我有一个／要好的中国朋友，她是／我在中国留学时／认识的。我刚到中国时，什么都不会，心里非常紧张。一次／偶然的机会，我在图书馆里／认识了她，她非常热情地／帮我借书。那天我们认识以后，她教我中文，使我／很快适应了／中国生活。我非常感谢她。我回国后，还是跟她／保持着联系。

　　Wǒ yǒu yí ge ／ yàohǎo de Zhōngguó péngyou, tā shì ／ wǒ zài Zhōngguó liúxué shí ／ rènshi de. Wǒ gāng dào Zhōngguó shí, shénme dōu bú huì, xīnli fēicháng jǐnzhāng. Yí cì ／ ǒurán de jīhuì, wǒ zài túshūguǎn li ／ rènshile tā, tā fēicháng rèqíng de ／ bāng wǒ jièshū. Nà tiān wǒmen rènshi yǐhòu, tā jiāo wǒ Zhōngwén, shǐ wǒ ／ hěn kuài shìyìngle ／ Zhōngguó shēnghuó. Wǒ fēicháng gǎnxiè tā. Wǒ huíguó hòu, háishi gēn tā ／ bǎochízhe liánxì.

　　저는 친한 중국인 친구가 한 명 있습니다. 그녀는 제가 중국에서 유학할 때 알게 되었습니다. 제가 막 중국에 도착했을 때, 아무것도 할 줄 몰라 심적으로 아주 불안했습니다. 어느 우연한 기회에 도서관에서 그녀를 알게 되었고, 그녀는 매우 친절하게 제가 책을 빌리는 것을 도와주었습니다. 그날 우리가 알게 되고 나서, 그녀는 저에게 중국어를 가르쳐주고 제가 중국 생활에 빨리 적응할 수 있게 해주었습니다. 저는 그녀에게 무척 고맙습니다. 저는 귀국 후에도 여전히 그녀와 연락을 하고 지냅니다.

**단어** 要好 yàohǎo 혱 친하다 │ 留学 liúxué 됭 유학하다 │ 心里 xīnli 몡 마음(속) │ 紧张 jǐnzhāng 혱 (정신적으로) 긴장하다, 불안하다 │ 偶然 ǒurán 뷔 우연히 │ 机会 jīhuì 몡 기회 │ 图书馆 túshūguǎn 몡 도서관 │ 热情 rèqíng 혱 친절하다 │ 帮 bāng 됭 돕다 │ 借书 jièshū 됭 책을 빌리다 │ 以后 yǐhòu 몡 이후 │ 适应 shìyìng 됭 적응하다 │ 生活 shēnghuó 몡 됭 생활(하다) │ 回国 huíguó 됭 귀국하다 │ 保持 bǎochí 됭 (지속적으로) 유지하다 │ 联系 liánxì 됭 연락하다

Nǐ huì zuòfàn ma? Yǒu méiyǒu náshǒucài?
你 会 做 饭 吗? 有 没 有 拿手菜?

**단어** 会 huì [조동] ~할 수 있다, ~할 것이다 | 做饭 zuòfàn [동] 밥을 하다 | 拿手菜 náshǒucài 가장 자신 있는 요리

**해석** 당신은 밥을 할 줄 압니까? 가장 자신 있는 요리가 있나요?

---

**문제풀이 공략Tip**

한국요리든 중국요리든 몇 가지 요리의 중국어 이름은 상식적으로 알아두는 것이 좋다. 문제에서 (1) 요리를 할 수 있는지 (2) 잘하는 요리가 있는지 2가지를 묻고 있으므로, 답을 할 때도 이 2가지에 모두 답해야 한다. 음식을 할 수 있다면, 잘하는 요리의 이름과 조리 과정을 간단하게 중국어로 준비해보자. 만약 요리를 할 줄 모르고 잘하는 것도 없다면, 단순히 '我不会做饭，没有拿手菜.(저는 밥을 할 줄 모르고, 자신 있는 요리가 없습니다)'라고 말하는 것에 그치지 말고, 아직 학생이라 요리 해본 경험이 없다거나, 직장 업무가 너무 바빠서 요리할 시간이 없다는 등의 이유를 설명하고, 앞으로 배우려고 한다는 식으로 미래의 계획을 세워본다.

---

**모범답안**  🎧187

我不太会 / 做饭，我会的拿手菜 / 还是我在中国留学时 / 才学会的。那时，我有一个 / 很要好的朋友，她想教我 / 做中国菜，可是 / 中国菜太难，我只学会了 / 一个菜，西红柿炒鸡蛋。我很努力地练习 / 西红柿炒鸡蛋，最后，我把这个菜 / 烧得非常地道！吃过的人 / 都说很好吃。

Wǒ bú tài huì / zuòfàn, wǒ huì de náshǒucài / hái shì wǒ zài Zhōngguó liúxué shí / cái xuéhuì de. Nà shí, wǒ yǒu yí ge / hěn yàohǎo de péngyou, tā xiǎng jiāo wǒ / zuò Zhōngguócài, kěshì / Zhōngguócài tài nán, wǒ zhǐ xuéhuìle / yí ge cài, xīhóngshì chǎo jīdàn. Wǒ hěn nǔlì de liànxí / xīhóngshì chǎo jīdàn, zuìhòu, wǒ bǎ zhè ge cài / shāo de fēicháng dìdao! Chīguo de rén / dōu shuō hěn hǎochī.

저는 밥을 별로 잘하지 못 합니다. 제가 할 수 있는 가장 자신 있는 요리는 아무래도 제가 중국 유학 시절에 배웠던 것입니다. 그 당시 저에게는 매우 친한 친구가 한 명 있었는데, 그녀는 저에게 중국요리를 가르쳐주고 싶어 했습니다. 그러나 중국음식은 너무 어려워서 저는 오직 '토마토 계란볶음' 한 가지만 배워서 할 수 있었습니다. 저는 '토마토 계란볶음'을 매우 열심히 연습했고, 결국 저는 이 요리를 정말 제대로 하게 되었습니다! 먹어본 사람이라면 모두 맛있다고 말합니다.

**단어** 留学 liúxué [동] 유학하다 | 中国菜 Zhōngguócài [명] 중국요리 | 西红柿炒鸡蛋 xīhóngshì chǎo jīdàn [명] 토마토 계란볶음 [중국음식명] | 努力 nǔlì [동] 열심히 하다, 노력하다 | 练习 liànxí [동] 연습하다 | 烧 shāo [동] 요리하다 | 地道 dìdao [형] 오리지널, 정통의, 본고장의 | 好吃 hǎochī [형] 맛있다

---

**TIP** 알아두면 좋은 음식 이름

| | | |
|---|---|---|
| 烤肉 kǎoròu 불고기 | 烤牛排 kǎoniúpái 갈비구이 | 泡菜 pàocài 김치 |
| 紫菜饭 zǐcàifàn 김밥 | 参鸡汤 shēnjītāng 삼계탕 | 拌饭 bànfàn 비빔밥 |
| 泡菜汤 pàocàitāng 김치찌개 | 大酱汤 dàjiàngtāng 된장찌개 | 火锅 huǒguō 신선로(샤브샤브) |
| 北京烤鸭 Běijīng kǎoyā 북경오리구이 | 糖醋里脊 tángcù lǐjǐ 탕추리지[탕수육과 비슷한 요리] | |

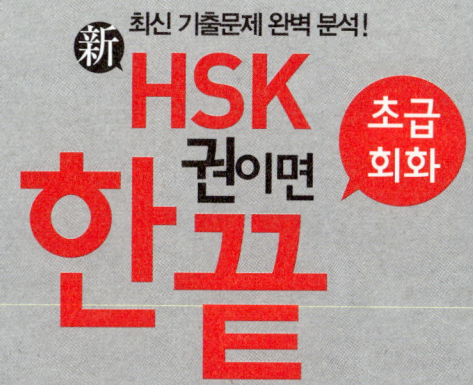

최신 기출문제 완벽 분석!

新 HSK 권이면 한끝

초급 회화

모의고사 문제편

1~2회

# 新汉语水平考试

## HSK 口试（初级）

## 模拟试题（一）

注　　意

一、 HSK 口试（初级）分三部分：

　　1. 听后重复（15题，6分钟）

　　2. 听后回答（10题，4分钟）

　　3. 回答问题（2题，3分钟）

二、 全部考试约20分钟（含准备时间7分钟）。

# 第一部分

第1-15题：听后重复

# 第二部分

第16-25题：听后回答

# 第三部分

第26-27题：回答问题

Nǐ   zuì   zhēnxī   de   dōngxi   shì   shénme?   Nǐ   wèishénme   shuō   nà   shì   nǐ   de   dì   yī
26. 你  最  珍惜  的  东西  是  什么？ 你  为什么  说  那  是  你  的  第一

bǎowù?
宝物？（1.5分钟）

Nǐ   xǐ   bu   xǐhuan   kàn   diànyǐng?   Wèishénme?
27. 你  喜  不  喜欢  看  电影？  为什么？（1.5分钟）

国家汉办/孔子学院总部
Hanban/Confucius Institute Headquarters

# 新汉语水平考试

## HSK 口试（初级）

## 模拟试题（二）

注　　意

一、 HSK 口试（初级）分三部分：

　　1. 听后重复（15题，6分钟）

　　2. 听后回答（10题，4分钟）

　　3. 回答问题（2题，3分钟）

二、 全部考试约20分钟（含准备时间7分钟）。

# 第一部分

第1-15题：听后重复

# 第二部分

第16-25题：听后回答

# 第三部分

第26-27题：回答问题

Nǐ  yǒu  méiyǒu  xiōngdì  jiěmèi?  Méiyǒu  de  huà,  xiǎng  yào  ma?
26. 你  有  没  有  兄弟  姐妹?  没  有  的  话，  想  要  吗? (1.5分钟)

Nǐ  duì  xīyān  yǒu  shénme  kànfǎ?
27. 你  对  吸烟  有  什么  看法? (1.5分钟)

新
**HSK**
권이면
**한끝**

초급
회화

# 모의고사 해설편

## 1~2회

# 第一部分

第1-15题：听后重复

---

**1** 🎧190

我的电话是二七九零。Wǒ de diànhuà shì èr qī jiǔ líng.

**단어** 电话 diànhuà 몡 전화 | 零 líng 囹 영, 제로(zero)

**해석** 저의 전화(번호)는 2790번입니다.

**해설** 동사 是가 술어가 되는 주술목 문장이다. 是의 앞과 뒤에서 끊어 읽는다. 숫자는 발음이 약간만 부정확해도 의미가 전혀 다르게 전달될 수 있으므로 특히 주의해서 발음해야 한다. 전화번호를 말할 때는 숫자를 하나씩 말한다.

**모범답안** 我的电话 / 是 / 二七九零。

---

**2** 🎧191

到了前面再向左走。Dàole qiánmian zài xiàng zuǒ zǒu.

**단어** 到 dào 동 도달하다, 이르다 | 前面 qiánmian 몡 (공간·위치상의) 앞 | 再 zài 뷔 다시, 더 | 向 xiàng 젠 ~을 향하여 | 左 zuǒ 몡 왼쪽, 좌측 | 走 zǒu 동 가다, 걷다

**해석** 앞쪽에 도착하면 다시 왼쪽으로 가세요.

**해설** 길을 안내할 때 자주 사용되는 문장이다. '동사1+了+再+동사2'는 '[동사1]한 뒤에 [동사2]를 한다'는 표현이다.

　　　예 做了作业再出去玩。Zuòle zuòyè zài chūqu wán. 숙제를 한 뒤에 나가서 논다.

向左走 대신 往左拐(wǎng zuǒ guǎi 왼쪽으로 꺾어지다)로 말하기도 한다. 再 앞에서 끊어 읽는다.

**모범답안** 到了前面 / 再向左走。

---

**3** 🎧192

再见，欢迎您下次再来。Zàijiàn, huānyíng nín xià cì zài lái.

**단어** 再见 zàijiàn 또 봐요, 안녕히 가세요[헤어질 때 인사] | 欢迎 huānyíng 동 환영하다 | 下次 xià cì 다음 번 | 来 lái 동 오다

**해석** 안녕히 가세요, 다음에 또 오세요.

**해설** 손님을 배웅할 때 사용하는 문장으로, 특히 상점 점원이 고객을 응대할 때 필수적으로 활용하게 된다. 이런 말을 들으면 손님은 '谢谢，再见!(고맙습니다. 또 만나요!)'이라고 대답하면 된다.

再见，欢迎您 / **下次**再来。

**4** 🎧 193

我在教室里看到他了。 Wǒ zài jiàoshì li kàndào tā le.

**단어** 教室 jiàoshì 몡 교실 | 看 kàn 동 보다

**해석** 저는 교실에서 그를 보았습니다.

**해설** '在+장소+동사'는 '[장소]에서 [동사]하다'라고 해석된다. 到는 동사 뒤에서 보어로 쓰여 동작이 목적에 도달했거나 결과가 있음을 나타낸다.

　　　예 我买到火车票。 Wǒ mǎidào huǒchēpiào. 나는 기차표를 샀다.

　　동사 看 앞에서 끊어 읽는다.

**모범답안** 我在教室里 / 看到他了。

**5** 🎧 194

这是他给妻子买的。 Zhè shì tā gěi qīzi mǎi de.

**단어** 给 gěi 동 주다 | 妻子 qīzi 몡 아내 | 买 mǎi 동 사다

**해석** 이것은 그가 아내에게 사준 것입니다.

**해설** 동사 是가 술어가 되는 주술목 문장이다. '这是~'는 '이것은 ~이다'라는 의미다. 목적어가 길기 때문에, 동사 是 뒤, 买 앞에서 끊어 읽는다. 妻子는 '제1성+경성'이므로 qī는 높은 음으로 길게 발음하다가 zi를 가볍게 살짝 내려 읽는다.(qi→zi ↘)

**모범답안** 这是 / 他给**妻子** / 买的。

**6** 🎧 195

你学游泳多长时间了? Nǐ xué yóuyǒng duō cháng shíjiān le?

**단어** 学 xué 동 배우다, 공부하다 | 游泳 yóuyǒng 몡동 수영(하다) | 多 duō 뷔 얼마나 | 长 cháng 혱 길다, 오래다 | 时间 shíjiān 몡 시간, 동안

**해석** 당신은 얼마나 오랫동안 수영을 배웠습니까?

**해설** 의문부사 多를 사용하여 시간이 긴 정도를 묻고 있다. 多长을 강조해서 읽는다. 대답할 때는 多长时间 위치에 三个月(3개월), 半年(반년), 一年(1년) 등 기간을 나타내는 단어를 넣어 말하고, 어순은 변하지 않는다.

**모범답안** 你学游泳 / **多长**时间了?

**7**  🎧 **196**

现在已经六点了。 Xiànzài yǐjing liù diǎn le.

**단어** 现在 xiànzài 몡 지금, 이제 | 已经 yǐjing 틧 이미, 벌써 | 点 diǎn 먕 시

**해석** 지금 벌써 6시가 되었다.

**해설** 시간을 나타내는 명사술어문이다. 동사 是가 생략되고 명사(六点)가 술어 역할을 하고 있다. '已经~了'는 '이미 ~ 했다'라는 표현이다. 숫자 六(liu)는 원래 발음이 [liou]이므로 [o]를 살려서 발음한다. 숫자 六를 강조해서 읽는다.

**모범답안** 现在已经 / 六点了。

---

**8**  🎧 **197**

我和女儿都爱看电影。 Wǒ hé nǚ'ér dōu ài kàn diànyǐng.

**단어** 和 hé 젠 ~와, ~과 | 女儿 nǚ'ér 몡 딸 | 都 dōu 틧 모두, 다 | 爱 ài 됭 좋아하다 | 看 kàn 됭 보다 | 电影 diànyǐng 몡 영화

**해석** 나와 딸아이 모두 영화감상을 좋아한다.

**해설** 都는 '모두'라는 의미로, 일반적으로 총괄하는 내용 바로 뒤에 쓴다. 都를 강하게 읽는다. 女儿(nǚ'ér)을 '누얼'이 라고 잘못 발음하지 않도록 ǔ 발음에 주의한다.

**모범답안** 我和女儿 / 都爱看电影。

---

**9**  🎧 **198**

我昨天没去公司。 Wǒ zuótiān méi qù gōngsī.

**단어** 昨天 zuótiān 몡 어제 | 公司 gōngsī 몡 회사, 직장

**해석** 나는 어제 회사에 가지 않았다.

**해설** 부정사 没로 동사 去의 발생을 부정하고 있다. 没를 강조해서 읽는다. 昨天(어제)이라고 과거의 상황임을 밝혀 주고 있으므로, 不去라고 할 수 없다. 不去는 '안 간다(안 갈 것이다)'라는 의미다.

**모범답안** 我昨天 / 没去公司。

---

**10**  🎧 **199**

这个苹果五块钱一斤。 Zhè ge píngguǒ wǔ kuài qián yì jīn.

**단어** 苹果 píngguǒ 몡 사과 | 块 kuài 먕 위안[중국의 화폐 단위로 元(yuán)에 상당함] | 钱 qián 몡 돈, 화폐 | 斤 jīn 먕 근[500g에 해당함]

해석  이 사과는 한 근에 5위안이다.

해설  가격을 나타내는 명사술어문이다. 수사 五를 강하게 읽는다. 一(yī)는 원래 제1성이지만 뒤에 제1성이 오면 제4성으로 발음해야 하므로, 一斤은 yì jīn이라고 발음해야 한다.

모범답안  这个苹果 / 五块钱一斤。

---

**11**  🎧 200

你吃得太少了。 Nǐ chī de tài shǎo le.

단어  吃 chī 图 먹다 | 得 de 图 동사나 형용사 뒤에 쓰여 보어와 연결시킴 | 太 tài 图 몹시, 너무[정도가 지나침을 나타냄] | 少 shǎo 형 적다

해석  당신은 너무 적게 먹는군요.

해설  吃가 술어로 쓰인 주술보 문장이다. 부사 太로 정도가 지나쳤음을 표현하고 있다. 太를 강하게 읽는다. 부사 太가 나오면 습관적으로 문장 끝에 了를 붙인다.

모범답안  你吃得 / 太少了。

---

**12**  🎧 201

她比我还漂亮。 Tā bǐ wǒ hái piàoliang.

단어  比~还 bǐ ~ hái ~보다 더 | 漂亮 piàoliang 형 예쁘다, 아름답다

해석  그녀가 나보다 더 예쁘다.

해설  비교문에서 술어 앞에 부사 还를 첨가하여 '훨씬 더 (~하다)'라는 의미를 표현하고 있다. 还 대신 更이나 都를 넣을 수도 있다. 很과 非常 등의 정도부사는 넣을 수 없다. 还를 강하게 읽는다.

모범답안  她比我 / 还漂亮。

---

**13**  🎧 202

老师让他去学习。 Lǎoshī ràng tā qù xuéxí.

단어  老师 lǎoshī 명 선생님 | 让 ràng 图 ~하게 하다, ~하도록 시키다 | 学习 xuéxí 명 图 학습(하다), 공부(하다), 배우다

해석  선생님은 그에게 가서 공부하라고 했다.

해설  让을 이용한 겸어문이다. '让+겸어+술어'는 '[겸어]에게 [술어]시키다'라고 해석된다. 让에 강세를 넣고, 겸어 他 뒤에서 끊어 읽는다.

모범답안  老师让他 / 去学习。

**14** 🎧 **203**

这个椅子有点儿贵。 Zhè ge yǐzi yǒudiǎnr guì.

단어 椅子 yǐzi 명 의자 | 有点(儿) yǒudiǎn(r) 부 조금, 약간 | 贵 guì 형 비싸다

해석 이 의자는 조금 비싸다.

해설 사물을 설명하는 형용사술어문이다. 주어부와 술어부로 나눠서 읽고 형용사 贵를 강하게 읽는다. 有点儿은 술어 앞에 오고 부정적인 의미에서 '약간'이라는 뜻을 나타낸다.

   예 有点儿不舒服。Yǒudiǎnr bù shūfu. 좀 아파요. (좀 불편해요.)

모범답안 这个椅子 / 有点儿**贵**。

**15** 🎧 **204**

我家离这儿很近。 Wǒ jiā lí zhèr hěn jìn.

단어 家 jiā 명 집, 가정 | 离 lí 전 ~에서 | 近 jìn 형 가깝다

해석 우리 집은 여기에서 가깝다.

해설 'A离B~'는 'A는 B에서부터 ~하다'라는 뜻이다.

   예 学校离这儿很远。Xuéxiào lí zhèr hěn yuǎn. 학교가 여기에서 매우 멀어요.

离와 很 앞에서 끊어 읽는다.

모범답안 我家 / 离这儿 / **很近**。

# 第二部分

第16-25题： 听后回答

**16** 🎧 **205**

今天 / 星期二吗？ Jīntiān xīngqī'èr ma?

단어 今天 jīntiān 명 오늘 | 星期二 xīngqī'èr 명 화요일

해석 오늘은 화요일입니까?

해설 요일을 묻는 명사술어문이다. 긍정형에서는 동사 是를 생략할 수 있으나, 부정형은 반드시 不是를 써서 표현해야 한다. 따라서 부정형으로 답하려면 不是를 잊지 말고 반드시 넣어야 한다.

**모범답안 ❶**　🎧 206

对，今天 / 星期二。Duì, jīntiān xīngqī'èr.

맞아요, 오늘은 화요일입니다.

**모범답안 ❷**

今天不是 / 星期二，今天 / 星期天。Jīntiān bú shì xīngqī'èr, jīntiān xīngqītiān.

오늘은 화요일이 아닙니다. 오늘은 일요일입니다.

**단어**　星期天 xīngqītiān 몡 일요일

---

**17**　🎧 207

你会不会 / 开车? Nǐ huì bu huì kāichē?

**단어**　会 huì 조통 ~할 수 있다, ~할 것이다 ｜ 开车 kāichē 통 운전하다

**해석**　당신은 운전할 수 있습니까?

**해설**　조동사를 사용한 정반의문문이다. 조동사가 있는 문장은 정반의문문을 만들 때, 술어 동사가 아니라 조동사의 '긍정형+부정형'을 사용한다. 대답은 조동사의 긍정형이나 부정형으로 하면 된다.

**모범답안 ❶**　🎧 208

会，我三年前 / 就学会 / 开车了。Huì, wǒ sān nián qián jiù xuéhuì kāichē le.

할 수 있습니다. 저는 3년 전에 운전을 배웠습니다.

**모범답안 ❷**

我不会开车。Wǒ bú huì kāichē.

저는 운전을 할 수 없습니다(운전을 못합니다).

**단어**　学会 xuéhuì 배워서 알다, 배워서 할 수 있(게 되)다

---

**18**　🎧 209

你去过 / 加拿大吗? Nǐ qùguo Jiānádà ma?

**단어**　去 qù 통 가다 ｜ 过 guo 조 ~한 적이 있다 ｜ 加拿大 Jiānádà 몡 캐나다(Canada)

**해석**　당신은 캐나다에 가본 적 있습니까?

**해설**　'동사+过'로 과거 경험을 묻고 있다. 여러 차례 경험했다면 '동사+过+수사+양사'로 대답한다.

　　　예 我去过两次。Wǒ qùguo liǎng cì. 나는 두 번 가봤습니다.

　　　부정형은 '没(有)+동사+过'다.

**모범답안 ❶**　　　　　　　　　　　　　　　　　　　　　　　　　🎧210

我去过 / 加拿大。Wǒ qùguo Jiānádà.

저는 캐나다에 가봤습니다.

**모범답안 ❷**

没有，我没有 / 去过 / 加拿大。Méiyǒu, wǒ méiyǒu qùguo Jiānádà.

아니요, 저는 캐나다에 가본 적이 없습니다.

**19**　🎧211

你知道 / 今天的报纸 / 在哪儿吗？Nǐ zhīdào jīntiān de bàozhǐ zài nǎr ma?

**단어**　知道 zhīdào 图 알다 ｜ 今天 jīntiān 图 오늘 ｜ 报纸 bàozhǐ 图 신문 ｜ 哪儿 nǎr 데 어디, 어느 곳

**해석**　오늘 신문이 어디에 있는지 아십니까?

**해설**　어기조사 吗를 사용한 의문문과 의문사 哪儿을 사용한 의문문이 결합된 형태이다. 답을 할 때는 주어는 생략하거나 你를 我로 바꾸고, 긍정형으로 답하려면 질문에서 吗를 삭제하면 된다. 哪儿 자리에 구체적인 장소를 넣어 어디에 있다고 대답할 수도 있다. 부정형으로 대답할 때는 동사 앞에 不를 붙이고, 문미의 吗를 삭제한다.

**모범답안 ❶**　　　　　　　　　　　　　　　　　　　　　　　　　🎧212

我知道 / 今天的报纸 / 在哪儿。Wǒ zhīdào jīntiān de bàozhǐ zài nǎr.

저는 오늘 신문이 어디에 있는지 압니다.

**모범답안 ❷**

(知道,) 今天的报纸 / 在桌子上。(Zhīdào,) Jīntiān de bàozhǐ zài zhuōzi shang.

(압니다.) 오늘 신문은 테이블 위에 있습니다.

**모범답안 ❸**

我不知道 / 今天的报纸 / 在哪儿。Wǒ bù zhīdào jīntiān de bàozhǐ zài nǎr.

저는 오늘 신문이 어디 있는지 모르겠습니다.

**단어**　桌子 zhuōzi 图 탁자, 테이블

**20**　🎧213

你有 / 几个弟弟？Nǐ yǒu jǐ ge dìdi?

**단어**　几 jǐ 囹 몇 ｜ 弟弟 dìdi 图 남동생

**해석**　당신은 남동생이 몇 명 있습니까?

**해설**　의문사 几를 사용한 의문문이다. 几는 10 미만의 수를 물을 때 사용한다. 几 자리에 수사를 넣어 답을 한다. 부정형은 '没有+弟弟'로 한다.

　　　　※ 我不有弟弟。(×)

**모범답안 ❶**  🎧 214

我有 / 两个弟弟。Wǒ yǒu liǎng ge dìdi.

저는 남동생이 두 명 있습니다.

**모범답안 ❷**

我没有 / 弟弟。Wǒ méiyǒu dìdi.

저는 남동생이 없습니다.

---

**21**  🎧 215

你的汉语老师 / 怎么样? Nǐ de Hànyǔ lǎoshī zěnmeyàng?

**단어**  汉语老师 Hànyǔ lǎoshī 몡 중국어 선생님 | 怎么样 zěnmeyàng 때 어떻다, 어떠하다

**해석**  당신의 중국어 선생님은 어떠세요?

**해설**  의문사 怎么样을 사용한 의문문이다. 선생님에 대한 의견을 묻고 있으므로, 긍정적으로 답할 때는 '很好(아주 좋다)', '很热情(열정적이다/친절하다)' 등으로 답하고, 부정적으로 답할 때는 '不太好(그다지 좋지 않다)'라고 한다.

**모범답안 ❶**  🎧 216

我的汉语老师 / 很好。Wǒ de Hànyǔ lǎoshī hěn hǎo.

저의 중국어 선생님은 매우 좋으십니다.

**모범답안 ❷**

我的汉语老师 / 很热情。Wǒ de Hànyǔ lǎoshī hěn rèqíng.

저의 중국어 선생님은 매우 열정적이십니다.

**단어**  热情 rèqíng 혱 열정적이다

---

**TIP**

제2부분에서 단순한 사실이 아니라 견해나 생각을 묻는 질문에 답을 할 때는 긍정적인 내용으로 답하는 것이 채점자에게 좋은 인상을 줄 수 있다.

---

**22**  🎧 217

你今年 / 二十五岁，对吧? Nǐ jīnnián èrshíwǔ suì, duì ba?

**단어**  今年 jīnnián 몡 올해, 금년 | 岁 suì 양 살, 세[연령을 세는 단위]

**해석**  당신은 올해 25살이죠, 그렇죠?

**해설**  어기조사 吧를 사용한 의문문이다. 긍정형으로 답할 때는 '对(맞습니다)'로 시작하고, 부정형으로 답할 때는 '不对(그렇지 않아요)'라고 하거나 명사술어문의 부정형 '不是(아닙니다)'를 사용한다.

**모범답안 ❶** 🎧 218

对, 我今年 / 二十五岁。Duì, wǒ jīnnián èrshíwǔ suì.

맞습니다. 저는 올해 25살입니다.

**모범답안 ❷**

不是, 我今年 / 二十七岁。Bú shì, wǒ jīnnián èrshíqī suì.

아니요, 전 올해 27살입니다.

**23** 🎧 219

你想不想 / 吃面条? Nǐ xiǎng bu xiǎng chī miàntiáo?

**단어** 想 xiǎng 조동 ~하고 싶다. ~하려고 한다 | 吃 chī 동 먹다 | 面条 miàntiáo 명 국수

**해석** 당신은 국수를 먹고 싶으세요?

**해설** 조동사를 사용한 정반의문문이다. 대답은 조동사의 긍정형이나 부정형을 사용한다. 긍정형으로 대답할 때는 정도부사 很을 조동사 앞에 넣어 하고 싶은 정도를 강조할 수 있다.

　　예 我很想看那部电影。Wǒ hěn xiǎng kàn nà bù diànyǐng. 나는 그 영화를 매우(정말) 보고 싶다.

**모범답안 ❶** 🎧 220

我很想 / 吃面条。Wǒ hěn xiǎng chī miàntiáo.

저는 국수를 무척 먹고 싶습니다.

**모범답안 ❷**

不想吃, 我不太喜欢 / 吃面条。Bù xiǎng chī, wǒ bú tài xǐhuan chī miàntiáo.

먹고 싶지 않아요. 저는 국수 먹는 것을 그다지 좋아하지 않습니다.

**단어** 不太 bú tài 별로, 그다지 | 喜欢 xǐhuan 동 좋아하다

**24** 🎧 221

你的汉语老师 / 是 / 哪国人? Nǐ de Hànyǔ lǎoshī shì nǎ guó rén?

**단어** 汉语老师 Hànyǔ lǎoshī 명 중국어 선생님 | 哪 nǎ 대 어디 | 国 guó 명 나라

**해석** 당신의 중국어 선생님은 어느 나라 사람입니까?

**해설** 의문사 哪를 사용한 의문문이다. 你를 我로 바꾸고 哪国(어느 나라) 위치에 中国(Zhōngguó 중국), 韩国(Hánguó 한국), 台湾(Táiwān 대만) 등의 국명을 넣어 답한다. 문장의 끝을 내려서 말한다.(↘)

**모범답안** 🎧 222

我的汉语老师 / 是 / 中国人。Wǒ de Hànyǔ lǎoshī shì Zhōngguórén.

제 중국어 선생님은 중국인입니다.

**단어** 中国人 Zhōngguórén 명 중국인

## 25

🎧 223

你喜欢听 / 谁的歌儿？ Nǐ xǐhuan tīng shéi de gēr?

**단어** 喜欢 xǐhuan 图 좋아하다 | 听 tīng 图 듣다 | 谁 shéi 団 누구 | 歌(儿) gē(r) 명 노래

**해석** 당신은 누구의 노래 듣는 것을 좋아합니까?

**해설** 의문사 谁를 사용한 의문문이다. 谁 위치에 노래를 부를 수 있는 인물을 넣어 답한다. 유명가수의 중국어 이름을 말한다면 좋은 점수를 받을 수 있을 것이다. 만약 가수의 이름이 떠오르지 않는다면 친구나 가족을 넣어도 무난한 답이 될 수 있다.

**모범답안 ❶** 🎧 224

我很喜欢听 / 少女时代的歌。 Wǒ hěn xǐhuan tīng Shàonǚ Shídài de gē.
저는 소녀시대의 노래 듣는 것을 매우 좋아합니다.

**모범답안 ❷**

我喜欢听 / 我男朋友唱的歌儿。 Wǒ xǐhuan tīng wǒ nánpéngyou chàng de gēr.
저는 제 남자친구가 부르는 노래를 듣는 것을 좋아합니다.

**단어** 少女时代 Shàonǚ Shídài 소녀시대 | 男朋友 nánpéngyou 명 남자친구, 애인 | 唱 chàng 图 (노래를) 부르다

# 第三部分

第26-27题：回答问题

## 26

Nǐ zuì zhēnxī de dōngxi shì shénme? Nǐ wèishénme shuō nà shì nǐ de dì yī bǎowù?
你 最 珍惜 的 东西 是 什么？ 你 为什么 说 那 是 你 的 第一 宝物？

**단어** 最 zuì 團 가장, 제일 | 珍惜 zhēnxī 图 소중히 여기다 | 东西 dōngxi 명 물건, 것 | 什么 shénme 団 무엇, 무슨 | 为什么 wèishénme 團 왜, 어째서 | 说 shuō 图 말하다 | 第一 dìyī 至 제일, 첫(번)째 | 宝物 bǎowù 명 보물

**해석** 당신이 가장 아끼는 물건은 무엇인가요? 당신은 왜 그것이 당신의 보물 1호라고 말합니까?

**해설** '무엇을 좋아하는가?', '취미가 무엇인가?' 등의 질문은 기본적이면서도 반드시 출제되는 문제다. 답을 할 때는 희귀하거나 독특한 것보다는 주변에서 쉽게 접할 수 있는 활동이나 사물에 대해 준비하여 설명하는 것이 좋다. 희귀한 것을 설명하려다보면 평소에 잘 사용하지 않는 단어들로 설명을 해야 할 경우가 많기 때문이다. 답을 할 때의 핵심포인트는 언제나 쉬운 단어를 틀리지 않고 정확하고 유창하게 표현하는 것이다.

**모범답안**

　　我最珍惜的东西 / 是我的集邮本。我从10岁起 / 开始集邮，已经有15年了。我的集邮本里 / 有来自各个国家的 / 邮票。有一大部分 / 是我的朋友们 / 为我收集的。我的朋友们 / 知道 / 我喜欢集邮后，经常帮我 / 收集 / 新的邮票。看着这些邮票，我就会 / 想起朋友 / 对我的情谊。所以 / 这是我的 / 第一宝物。

　　Wǒ zuì zhēnxī de dōngxi / shì wǒ de jíyóuběn. Wǒ cóng shí suì qǐ / kāishǐ jíyóu, yǐjing yǒu shíwǔ nián le. Wǒ de jíyóuběn li / yǒu láizì gège guójiā de / yóupiào. Yǒu yí dàbùfen / shì wǒ de péngyoumen / wèi wǒ shōují de. Wǒ de péngyoumen / zhīdào / wǒ xǐhuan jíyóu hòu, jīngcháng bāng wǒ / shōují / xīn de yóupiào. Kànzhe zhè xiē yóupiào, wǒ jiù huì / xiǎngqǐ péngyou / duì wǒ de qíngyì. Suǒyǐ / zhè shì wǒ de / dì yī bǎowù.

　　제가 가장 아끼는 물건은 저의 우표수집책입니다. 저는 10살 때부터 우표수집을 시작해서 벌써 15년이 되었습니다. 저의 우표수집책에는 여러 나라에서 온 우표가 있습니다. 대부분은 제 친구들이 저를 위해 모아준 것입니다. 제 친구들은 제가 우표수집을 좋아한다는 것을 안 후 종종 제가 새로운 우표를 수집하는 것을 도와줍니다. 이런 우표들을 보고 있으면 저는 저에 대한 친구들의 우정이 생각납니다. 그래서 이것이 저의 보물 1호입니다.

**단어**　集邮 jíyóu 图 우표를 수집하다 | 来自 láizì ~(로)부터 오다 | 邮票 yóupiào 图 우표 | 大部分 dàbùfen 대부분 | 为 wèi 전 ~을 위하여 | 收集 shōují 图 수집하다, (끌어)모으다 | 想起 xiǎngqǐ 생각해내다, 떠올리다 | 情谊 qíngyì 图 정, 우정

---

**27**　Nǐ xǐ bu xǐhuan kàn diànyǐng? Wèishénme?
　　你 喜 不 喜欢 看 电影？ 为什么？

**단어**　喜欢 xǐhuan 图 좋아하다 | 看 kàn 图 보다 | 电影 diànyǐng 图 영화 | 为什么 wèishénme 囹 왜, 어째서

**해석**　당신은 영화 보는 것을 좋아합니까? 왜 그런가요?

**해설**　'좋아한다(喜欢)'고 답하거나 '좋아하지 않는다(不喜欢)'고 답하거나 상관없다. 왜 그렇게 생각하는지를 말하는 것이 중요하다. 자신의 호불호를 표현할 수 있는 근거로, 왜 그렇게 생각하는지 원인을 밝히는 것이 좋다.

**모범답안**　　　　　　　　　　　　　　　　　　　　　　226

　　我很喜欢 / 看电影。因为我觉得 / 看电影时的感觉 / 非常好。我喜欢和朋友们 / 一起去 / 电影院看电影。我们 / 买零食、可乐，一边吃 / 一边看，感觉 / 很自由。看完电影后 / 还可以 / 和朋友讨论 / 自己看后的感想。这样，既丰富了 / 自己的生活，也增进了 / 和朋友间的友谊。看电影 / 就是 / 我最大的爱好。

　　Wǒ hěn xǐhuan / kàn diànyǐng. Yīnwèi wǒ juéde / kàn diànyǐng shí de gǎnjué / fēicháng hǎo. Wǒ xǐhuan hé péngyoumen / yìqǐ qù / diànyǐngyuàn kàn diànyǐng. Wǒmen / mǎi língshí、kělè、yìbiān chī / yìbiān kàn, gǎnjué / hěn zìyóu. Kànwán diànyǐng hòu / hái kěyǐ / hé péngyou tǎolùn / zìjǐ kàn hòu de gǎnxiǎng. Zhèyàng, jì fēngfùle / zìjǐ de shēnghuó, yě zēngjìnle / hé péngyou jiān de yǒuyì. Kàn diànyǐng / jiù shì / wǒ zuì dà de àihào.

　　저는 영화 보는 것을 매우 좋아합니다. 왜냐하면 영화를 볼 때의 느낌이 아주 좋다고 생각하기 때문입니다. 저는 친구들과 함께 극장에 가서 영화 보는 것을 좋아합니다. 우리는 간식과 콜라를 사서 먹으면서 영화를 보며, 아주 자유롭다고 느낍니다. 영화를 다 본 후에는 또 친구들과 영화 본 후 자신의 소감을 토론할 수도 있습니다. 이렇게 하여 자신의 생활을 풍요롭게 했고, 친구와의 우정도 증진시켰습니다. 영화 보는 것은 저의 가장 큰 취미입니다.

**단어**　感觉 gǎnjué 图 감각, 느낌 | 电影院 diànyǐngyuàn 图 영화관, 극장 | 零食 língshí 图 간식 | 可乐 kělè 图 콜라 | 一边~一边 yìbiān ~ yìbiān …하면서 …하다 | 自由 zìyóu 图 자유롭다 图 자유 | 讨论 tǎolùn 图 토론하다 | 感想 gǎnxiǎng 图 감상, 느낌, 소감 | 既~也… jì ~ yě … ~하고 (또) …하다 | 增进 zēngjìn 图 증진하다, 증진시키다 | 友谊 yǒuyì 图 우의, 우정 | 爱好 àihào 图 취미

# 第一部分

## 第1-15题：听后重复

**1** 🎧 227

昨天是小李的生日。 Zuótiān shì Xiǎo Lǐ de shēngrì.

**단어**   昨天 zuótiān 명 어제 ｜ 生日 shēngrì 명 생일

**해석**   어제는 샤오리의 생일입니다.

**해설**   동사 是가 술어로 쓰인 주술목 문장이다. 小李(Xiǎo Lǐ)는 제3성이 연이어 있으므로, '제2성+제3성'으로 바꿔서 읽는다. 生日(shēngrì)의 日(rì)는 권설음이므로, '리'가 아니라 '르'에 가깝게 발음한다. 술어 是를 강하게 읽는다.

**모범답안**   昨天 / **是** / 小李的生日。

**2** 🎧 228

下班后我们去唱歌了。 Xiàbān hòu wǒmen qù chànggē le.

**단어**   下班 xiàbān 통 근무시간이 끝나다, 퇴근하다 ｜ 唱歌 chànggē 통 노래 부르다

**해석**   퇴근 후에 우리는 노래 부르러 갔습니다.

**해설**   '去+동사'는 '～하러 가다'라는 의미이다.

      예 我得去学习。 Wǒ děi qù xuéxí. 나는 공부하러 가야 한다.

     唱을 강하게 읽는다. 歌(gē)는 짧게 발음하면 gè(各)처럼 들릴 수 있다. 제1성이므로 높고 길게 발음해야 한다.

**모범답안**   下班后 / 我们去 / **唱**歌了。

**3** 🎧 229

你能来帮助我吗？ Nǐ néng lái bāngzhù wǒ ma?

**단어**   能 néng 조동 ～할 수 있다 ｜ 帮助 bāngzhù 통 돕다

**해석**   당신은 저를 도와주러 올 수 있습니까?

**해설**   '来+동사'는 '～하러 오다'라는 의미이다.

      예 我来参加比赛。 Wǒ lái cānjiā bǐsài. 나는 경기에 참가하러 왔다.

     실제 목적이 되는 동사인 帮助를 강하게 읽는다.

**모범답안**   你能来 / **帮助**我吗？

**4** 🎧 230

再来点儿米饭吧。 Zài lái diǎnr mǐfàn ba.

**단어** 　再 zài 🗒 다시, 또 ｜ 来 lái 🗒 오다, (동작·행동을) 하다 ｜ 点(儿) diǎn(r) 🗒 조금 ｜ 米饭 mǐfàn 🗒 밥

**해석** 　밥 좀 더 드세요. (식사 좀 더 하세요.)

**해설** 　동사 来가 술어로 쓰인 주술목 문장이다. 来는 '오다'라는 의미 외에 '(어떤 동작을) 하다'라는 의미로 쓰여 구체적인 동사를 대체할 수 있다.

　　　　🗒 你休息一会儿，让我来。Nǐ xiūxi yíhuìr, ràng wǒ lái. 너는 조금 쉬어, 내가 할게.

　　이 문장에서는 목적어 米饭을 강하게 읽는다.

**모범답안**　再来点儿 / 米饭吧。

---

**5** 🎧 231

我们去买电脑吧。 Wǒmen qù mǎi diànnǎo ba.

**단어** 　去 qù 🗒 가다 ｜ 买 mǎi 🗒 사다 ｜ 电脑 diànnǎo 🗒 컴퓨터(computer)

**해석** 　우리 컴퓨터 사러 갑시다.

**해설** 　'去+동사'는 '~하러 가다'라고 해석된다. 吧는 문장 맨 끝에 쓰여, 상의·제의·청유·기대·명령 등의 어기를 나타낸다.

　　　　🗒 我们出发吧! Wǒmen chūfā ba! 우리 출발하자!

　　목적어 电脑 앞에서 끊어 읽는다.

**모범답안**　我们去买 / 电脑吧。

---

**6** 🎧 232

他们每天都一起玩儿。 Tāmen měitiān dōu yìqǐ wánr.

**단어** 　每天 měitiān 매일 ｜ 都 dōu 🗒 모두, 다 ｜ 一起 yìqǐ 🗒 함께, 같이 ｜ 玩(儿) wán(r) 🗒 놀다

**해석** 　그들은 매일 함께 놉니다.

**해설** 　'주어+부사어+술어'로 된 주술 구조의 문장이다. 매일(每天) 반복되는 상황에는 일반적으로 뒤에 都(모두/다)를 덧붙이는 것이 자연스럽다.

　　　　🗒 我每晚都看中文书。Wǒ měiwǎn dōu kàn Zhōngwénshū. 저는 매일 밤 중국어 책을 봐요.

　　一起를 강하게 읽는다.

**모범답안**　他们 / 每天都 / 一起玩儿。

**7** 🎧 233

我正在喝咖啡呢。 Wǒ zhèngzài hē kāfēi ne.

**단어**　正在 zhèngzài 图 ~하고 있다[동작이나 행위가 진행 중임을 나타냄] | 喝 hē 图 마시다 | 咖啡 kāfēi 图 커피

**해석**　저는 커피를 마시고 있습니다.

**해설**　동사 喝가 술어로 쓰인 주술목 문장이다. '正在~呢'는 '지금 ~하고 있다'라는 동작의 진행을 표현한다.

例 金老师正在上课呢。 Jīn lǎoshī zhèngzài shàngkè ne. 김 선생님은 지금 수업 중이시다.

喝 앞에서 끊어 읽는다.

**모범답안**　我正在 / 喝咖啡呢。

---

**8** 🎧 234

这个杯子两块钱。 Zhè ge bēizi liǎng kuài qián.

**단어**　杯子 bēizi 图 잔, 컵 | 两 liǎng 囝 둘 | 块 kuài 图 위안[중국의 화폐 단위로 元(yuán)에 상당함] | 钱 qián 图 돈, 화폐

**해석**　이 컵은 2위안입니다.

**해설**　가격을 표시하는 명사술어문이다. 양사 앞의 수사 2는 两으로 표현하므로, 2위안은 二块钱이 아니라 **两块钱**이라고 한다.

例 두 사람 → 两个人 (○)　二个人 (×)

수사 两을 정확하게 읽는다.

**모범답안**　这个杯子 / 两块钱。

---

**9** 🎧 235

每星期上一次汉语课。 Měi xīngqī shàng yí cì Hànyǔ kè.

**단어**　每 měi 때 매 | 星期 xīngqī 图 주, 요일 | 上课 shàngkè 图 수업하다, 강의하다 | 汉语 Hànyǔ 图 중국어

**해석**　매주 한 번씩 중국어 수업을 합니다.

**해설**　동사 上이 술어가 된 주술목 문장이다. 一(yī)는 원래 제1성이지만, 뒤에 제4성인 次(cì)가 나오므로, 一次는 '제2성+제4성(yí cì)'으로 발음한다. 上课는 '동사+명사' 구조의 이합동사이므로, 동량보어나 시량보어는 동사 上 뒤에 붙인다.

例 金老师每天上三节课。 Jīn lǎoshī měitiān shàng sān jié kè.
김 선생님은 매일 3시간씩 수업을 하신다.

**모범답안**　每星期 / 上一**次** / 汉语课。

**10** 🎧 236

飞机比火车快。 Fēijī bǐ huǒchē kuài.

**단어** 飞机 fēijī 몡 비행기 | 比 bǐ 젭 ~보다 | 火车 huǒchē 몡 기차 | 快 kuài 혱 빠르다

**해석** 비행기는 기차보다 빠르다.

**해설** 比를 사용한 비교문으로 'A+比+B+술어' 구조다.

　　　예 金老师比王老师大。Jīn lǎoshī bǐ Wáng lǎoshī dà. 김 선생님이 왕 선생님보다 연세가 많으시다.

　　比 앞에서 끊어 읽고, 快를 강하게 읽는다.

**모범답안** 飞机 / 比火车**快**。

---

**11** 🎧 237

妻子喜欢吃饭时看报纸。 Qīzi xǐhuan chīfàn shí kàn bàozhǐ.

**단어** 妻子 qīzi 몡 아내 | 喜欢 xǐhuan 동 좋아하다 | 吃饭 chīfàn 동 밥을 먹다 | 时 shí 몡 때, 시기 | 报纸 bàozhǐ 몡 신문

**해석** 아내는 밥을 먹을 때 신문 보는 것을 좋아한다.

**해설** 동사 喜欢이 술어가 된 주술목 문장이다. 喜欢의 목적어로는 동사구나 문장이 올 수 있다.

　　　예 他很喜欢看电影。Tā hěn xǐhuan kàn diànyǐng. 그는 영화 보기를 아주 좋아한다.

　　　我特别喜欢跟朋友聊天。Wǒ tèbié xǐhuan gēn péngyou liáotiān.

　　　난 친구와 수다 떠는 것을 특히 좋아한다.

　　부사구 吃饭时의 앞과 뒤에서 끊어 읽는다.

**모범답안** 妻子喜欢 / 吃饭时 / 看报纸。

---

**12** 🎧 238

爸爸不让我走。 Bàba bú ràng wǒ zǒu.

**단어** 爸爸 bàba 몡 아빠 | 让 ràng 동 ~하게 하다, ~하게 시키다 | 走 zǒu 동 가다, 걷다

**해석** 아버지는 나를 가지 못하게 하셨다.

**해설** 让을 이용한 겸어문의 부정형이다. 겸어문에서 부정부사는 让 앞에 온다. '不让+겸어+술어'는 '[겸어]가 [술어] 하지 못하게 하다'라는 의미다. 不(bù)는 원래 제4성이지만, 뒤에 제4성인 让(ràng)이 나오므로, 不让은 '제2성+제4성(bú ràng)'으로 발음한다.

**모범답안** 爸爸 / 不让我走。

**13**

🎧 239

你写得非常好！ Nǐ xiě de fēicháng hǎo!

**단어** 写 xiě 图 (글씨를) 쓰다 ┃ 得 de 죄 동사나 형용사 뒤에 쓰여 보어와 연결시킴 ┃ 非常 fēicháng 图 매우, 대단히

**해석** 당신은 글을 아주 잘 씁니다!

**해설** 동사 写가 술어가 된 주술보 문장이다. 구조조사 得 뒤에 동사 写의 정도를 표현하는 보어로 不错(búcuò 괜찮다), 很棒(hěn bàng 아주 훌륭하다), 不太好(bú tài hǎo 그다지 좋지 않다) 등이 올 수 있다. 보어 앞에서 끊어 읽는다.

**모범답안** 你写得 / 非常好！

**14**

🎧 240

我不认识那个人。 Wǒ bú rènshi nà ge rén.

**단어** 认识 rènshi 图 알다, 인식하다

**해석** 나는 그 사람을 모릅니다.

**해설** 동사 认识가 술어가 된 주술목 문장이다. 认识는 '사람과 안면이나 친분이 있다, 인식하다'라는 의미로 쓰인다. '제4성+경성'이므로 rèn은 높은 음에서 낮은 음으로 강하고 빠르게 발음한 뒤 shi를 가볍게 발음한다.
　　　예 你们是怎么认识的? Nǐmen shì zěnme rènshi de? 당신들은 어떻게 알게 된 겁니까?
목적어 앞에서 끊어 읽는다.

**모범답안** 我不认识 / 那个人。

**15**

🎧 241

房间里没有电视。 Fángjiān li méiyǒu diànshì.

**단어** 房间 fángjiān 图 방 ┃ 电视 diànshì 图 텔레비전

**해석** 방 안에 텔레비전이 없습니다.

**해설** 동사 有가 술어가 된 존현문의 부정형으로 '장소+没有+목적어' 구조다.
　　　예 书包里没有杂志。 Shūbāo li méiyǒu zázhì. 가방 안에 잡지가 없다.
술어 没有의 앞과 뒤에서 끊어 읽는다.

**모범답안** 房间里 / 没有 / 电视。

# 第二部分

## 第16-25题：听后回答

**16** 🎧242

你的鞋子 / 是什么 / 颜色? Nǐ de xiézi shì shénme yánsè?

**단어** 鞋子 xiézi 몡 신발 | 什么 shénme 때 무엇, 무슨 | 颜色 yánsè 몡 색, 색깔

**해석** 당신의 신발은 무슨 색입니까?

**해설** 의문사 什么를 사용한 의문문이다. 你는 我로 바꾸고, 什么 자리에 색깔을 넣어 답한다. 어순에는 변화가 없다.

**모범답안** 🎧243

我的鞋子 / 是黑色的。 Wǒ de xiézi shì hēisè de.
제 신발은 검정색입니다.

**단어** 黑色 hēisè 몡 흑색, 검은색

🖥 **TIP** 여러 가지 색깔

| | | | |
|---|---|---|---|
| 白色 báisè 흰색 | 灰色 huīsè 회색 | 黄色 huángsè 노란색 | 绿色 lǜsè 녹색 |
| 蓝色 lánsè 파란색 | 粉红色 fěnhóngsè 분홍색 | 红色 hóngsè 빨간색 | 天蓝色 tiānlánsè 하늘색 |

**17** 🎧244

现在教室里 / 有多少个人? Xiànzài jiāoshì li yǒu duōshao ge rén?

**단어** 现在 xiànzài 몡 지금, 이제 | 教室 jiàoshì 교실 | 多少 duōshao 때 얼마, 몇

**해석** 지금 교실에 사람이 몇 명 있습니까?

**해설** 의문사 多少를 사용한 의문문이다. 多少는 대개 10 이상의 많은 수를 묻는 의문사다. 교실이라는 공간적 제한을 고려하여 多少 자리에 적당한 인원수를 넣어 답한다. 教室里는 질문에서 이미 언급했으므로 대답할 때 생략해도 무방하다.

**모범답안 ❶** 🎧245

现在 / 有14个人。 Xiànzài yǒu shísì ge rén.
지금 14명이 있습니다.

**모범답안 ❷**

现在 / 有30个人。 Xiànzài yǒu sānshí ge rén.
지금 30명이 있습니다.

**18**

🎧 246

你有没有 / 5000块钱? Nǐ yǒu méiyǒu wǔqiān kuài qián?

**단어** 块 kuài ⑱ 위안[중국의 화폐 단위로 元(yuán)에 상당함] | 钱 qián ⑲ 돈, 화폐

**해석** 당신은 5000위안이 있습니까?

**해설** 동사 有의 정반의문문 형태다. 긍정형 대답은 有(있다), 부정형 대답은 没有(없다)로 간단히 말할 수도 있지만, 단답형 답은 고득점을 받을 수 없으므로 반드시 완전한 문장 형태로 대답해야 한다. 부정형에는 '지금은 없다(现在没有)', '다 썼다(用完了)' 등을 첨가하여 답할 수 있다.

**모범답안 ❶** 🎧 247

有，我有5000块钱。Yǒu, wǒ yǒu wǔqiān kuài qián.

있어요, 저는 5000위안이 있습니다.

**모범답안 ❷**

我现在 / 没有钱，我的钱 / 都用完了。Wǒ xiànzài méiyǒu qián, wǒ de qián dōu yòngwán le.

저는 지금 돈이 없어요, 제 돈은 다 써버렸습니다.

**단어** 现在 xiànzài ⑲ 지금, 이제 | 用完 yòngwán 다 써버리다

---

**19**

🎧 248

你去过 / 上海吗? Nǐ qùguo Shànghǎi ma?

**단어** 去 qù ⑧ 가다 | 过 guo ㉜ ~한 적이 있다 | 上海 Shànghǎi ⑲ 상해, 상하이[지명]

**해석** 당신은 상하이에 가본 적이 있습니까?

**해설** 어기조사 吗와 '동사+过'로 과거의 경험을 묻고 있다. 긍정형 대답은 你를 我로 바꾸고 문미의 吗를 생략하면 된다. 부정형 대답은 '没(有)+동사+过'로 한다.

　　　　예 我去过日本。Wǒ qùguò Rìběn. 나는 일본에 가봤습니다.

　　　　　→ 我没去过日本。Wǒ méi qùguò Rìběn. 나는 일본에 못 가봤습니다.

**모범답안 ❶** 🎧 249

我去过 / 上海。Wǒ qùguo Shànghǎi.

저는 상하이에 가봤습니다.

**모범답안 ❷**

我没去过 / 上海，但 / 很想去一次。Wǒ méi qùguo Shànghǎi, dàn hěn xiǎng qù yí cì.

저는 상하이에 못 가봤습니다, 그러나 한 번 가보고 싶습니다.

**단어** 想 xiǎng 조동 ~하고 싶다, ~하려고 한다 | 次 cì ⑱ 차례, 번, 회

**20** 🎧 250

# 你的生日是 / 几月几号? Nǐ de shēngrì shì jǐ yuè jǐ hào?

**단어** 生日 shēngrì 명 생일 | 几 jǐ 주 몇[수가 그리 많지 않을 때 사용함]

**해석** 당신의 생일은 몇 월 며칠입니까?

**해설** 의문대사 几를 사용한 의문문이다. 你는 我로 바꾸고 几 자리에 날짜에 맞는 수사를 넣어 답한다. 날짜를 말할 때 수사 一(yī)는 성조가 변하지 않고 원래대로 제1성으로 발음한다. 날짜를 뜻하는 '일(日)'은 号(hào)나 日(rì)라 고 표현한다.

---

**모범답안 ❶** 🎧 251

我的生日 / 是1月1号。Wǒ de shēngrì shì yī yuè yī hào.

제 생일은 1월 1일입니다.

**모범답안 ❷**

我的生日 / 是9月11号。Wǒ de shēngrì shì jiǔ yuè shíyī hào.

제 생일은 9월 11일입니다.

---

**21** 🎧 252

# 今天天气 / 怎么样? Jīntiān tiānqì zěnmeyàng?

**단어** 今天 jīntiān 명 오늘 | 天气 tiānqì 명 날씨 | 怎么样 zěnmeyàng 대 어떻다, 어떠하다

**해석** 오늘은 날씨가 어때요?

**해설** 의문사 怎么样을 사용하여 날씨가 어떤지 묻고 있다. 怎么样의 위치에 '좋다(很好)', '그다지 좋지 않다(不太 好)', '춥다(很冷)', '덥다(很热)' 등 날씨를 설명할 수 있는 표현을 넣어 답한다.

---

**모범답안** 🎧 253

今天天气 / 很好, 不冷 / 也不热。Jīntiān tiānqì hěn hǎo, bù lěng yě bú rè.

오늘은 날씨가 좋아요. 춥지도 덥지도 않아요.

**단어** 不A不B bù A bù B A하지도 B하지도 않다

---

**22** 🎧 254

# 你刚才 / 吃什么了? Nǐ gāngcái chī shénme le?

**단어** 刚才 gāngcái 명 금방, 방금 | 吃 chī 동 먹다 | 什么 shénme 대 무엇, 무슨

**해석** 당신은 방금 무엇을 드셨나요?

**해설** 의문대사 什么를 사용한 의문문이다. 你를 我로 바꾸고 什么 자리에 먹을 수 있는 음식 이름을 넣어 답한다. 어 순에는 변화가 없고, 문미의 어기는 내려서 읽는다.(↘)

**모범답안** 🎧255

我刚才 / 吃 / 汉堡包了。 Wǒ gāngcái chī hànbǎobāo le.
저는 방금 햄버거를 먹었습니다.

**단어** 汉堡包 hànbǎobāo 몡 햄버거

 **TIP** 간식명

| | | | |
|---|---|---|---|
| 面包 miànbāo 빵 | 蛋糕 dàngāo 케익 | 饼干 bǐnggān 과자 | 三角紫菜饭 sānjiǎo zǐcàifàn 삼각 김밥 |
| 米糕 mǐgāo 떡 | 炒年糕 chǎo niángāo 떡볶이 | 鱼糕 yúgāo 어묵 | 比萨饼 bǐsàbǐng 피자(pizza) |

**23** 🎧256

你的手机 / 是什么时候 / 买的? Nǐ de shǒujī shì shénme shíhou mǎi de?

**단어** 手机 shǒujī 몡 휴대전화 | 什么时候 shénme shíhou 언제 | 买 mǎi 동 사다
**해석** 당신의 휴대전화는 언제 사셨나요?
**해설** 什么时候를 사용하여 '언제' 휴대전화를 샀는지 묻는 의문문이다. 질문에서 你를 我로 바꾸고 什么时候 위치에 '작년(去年 qùnián)', '지난달(上个月 shàng ge yuè)', '3월(3月 sān yuè)' 등 적절한 시기를 넣어 답한다.

**모범답안** 🎧257

我的手机是 / 去年买的。 Wǒ de shǒujī shì qùnián mǎi de.
제 휴대전화는 작년에 샀습니다.

**단어** 去年 qùnián 몡 작년

**24** 🎧258

您母亲 / 今年 / 多大年纪? Nín mǔqīn jīnnián duō dà niánjì?

**단어** 母亲 mǔqīn 몡 모친, 어머니 | 今年 jīnnián 몡 올해, 금년 | 多 duō 뷔 얼만큼, 얼마나 | 年纪 niánjì 몡 연령, 연세
**해석** 당신의 어머님은 올해 연세가 어떻게 되세요?
**해설** 의문부사 多를 사용하여 나이를 묻고 있다. 母亲은 妈妈보다 격식 있는 서면어(书面语)로, 상대방(您)의 어머님을 존중한다는 의미를 내포하고 있다. 多大 위치에 나이에 해당하는 수사를 넣고, 자신의 어머니이므로 年纪는 공손하게 岁로 바꾸거나 생략하여 답한다.

**모범답안** 🎧259

我妈妈 / 今年67(岁)了。 Wǒ māma jīnnián liùshíqī (suì) le.
저희 엄마는 올해 67세입니다.

**단어** 岁 suì 양 세, 살[나이를 세는 단위]

**25** 🎧260

你喜欢 / 吃 / 日本菜吗?  Nǐ xǐhuan chī Rìběncài ma?

**단어**　喜欢 xǐhuan 图 좋아하다 | 吃 chī 图 먹다 | 日本菜 Rìběncài 图 일본요리, 일본음식
**해석**　당신은 일본요리(먹는 것)를 좋아하세요?
**해설**　어기조사 吗를 사용한 의문문이다. '喜欢+동사'는 '[동사]하는 것을 좋아한다'는 표현이다.
　　　图 我很喜欢看中国电影。 Wǒ hěn xǐhuan kàn Zhōngguó diànyǐng.
　　　　나는 중국영화 보는 것을 매우 좋아한다.
　　　대답할 때 你는 我로 바꾼다. 긍정형 답은 질문에서 吗만 삭제하면 되고, 부정형 답은 吗를 삭제한 다음 부정사 不를 동사 喜欢 앞에 넣는다. 喜欢이나 不喜欢 앞에 정도부사 很을 써서 좋거나 싫은 정도를 강조할 수도 있다.

**모범답안 ❶** 🎧261

我很喜欢 / 吃 / 日本菜。 Wǒ hěn xǐhuan chī Rìběncài.  저는 일본요리(먹는 것)를 매우 좋아해요.

**모범답안 ❷**

我不喜欢 / 吃 / 日本菜。 Wǒ bù xǐhuan chī Rìběncài.  저는 일본요리(먹는 것)를 좋아하지 않아요.

# 第三部分

第26-27题：回答问题

**26**　Nǐ yǒu méiyǒu xiōngdì jiěmèi? Méiyǒu de huà, xiǎng yào ma?
你 有 没 有 兄 弟 姐妹? 没 有 的 话, 想 要 吗?

**단어**　兄弟 xiōngdì 图 형제 | 姐妹 jiěmèi 图 자매 | ~的话 ~ de huà ~하면, ~이면 | 想 xiǎng 조롱 ~하고 싶다, ~하려고 한다 | 要 yào 图 가지다, 필요하다
**해석**　당신은 형제자매가 있습니까? 없다면 있었으면 좋겠나요?
**해설**　형제자매에 관한 단어와 내용은 가족을 소개할 때도 사용할 수 있으므로 필수적으로 준비해두어야 한다. 현재 형제자매가 있다면 그로 인해 좋은 점을 나열하거나, 혹은 생활 속 추억을 회상하여 서술한다. 만약 형제자매가 없다면 친구들이나 주변 사람들의 상황에 대해서, 혹은 자신이 희망하는 형제자매 관계에 대해 서술한다.

**모범답안** 🎧262

　我是 / 独生子，没有 / 兄弟姐妹，但我一直很羡慕 / 那些有 / 兄弟姐妹的 / 朋友。我觉得 / 如果有 / 兄弟姐妹的话，跟他们一起生活、一起玩儿，可以互相帮助，不会无聊。那肯定是 / 非常有意思、很好的事。每次 / 看到别的朋友 / 和自己的兄弟姐妹 / 亲亲热热的样子，我都很 / 嫉妒，我真想 / 有自己的 / 兄弟姐妹。

Wǒ shì / dúshēngzǐ, méiyǒu / xiōngdì jiěmèi, dàn wǒ yìzhí hěn xiànmù / nà xiē yǒu / xiōngdì jiěmèi de / péngyou. Wǒ juéde / rúguǒ yǒu / xiōngdì jiěmèi de huà, gēn tāmen yìqǐ shēnghuó、 yìqǐ wánr, kěyǐ hùxiāng bāngzhù, bú huì wúliáo. Nà kěndìng shì / fēicháng yǒuyìsi, hěn hǎo de shì. Měi cì / kàndào bié de péngyou / hé zìjǐ de xiōngdì jiěmèi / qīnqīnrèrè de yàngzi, wǒ dōu hěn / jídù, wǒ zhēn xiǎng / yǒu zìjǐ de / xiōngdì jiěmèi.

저는 외동아들이라서 형제자매가 없습니다. 하지만 저는 줄곧 형제자매가 있는 친구들이 부러웠습니다. 저는 만약 형제자매가 있다면 그들과 함께 생활하고 함께 놀고, 서로 도울 수 있고 심심할 리 없을 것이라고 생각합니다. 그것은 분명 아주 재미있고 좋은 일입니다. 매번 다른 친구가 자신의 형제자매와 다정한 모습을 보면 저는 질투가 납니다. 저는 정말 저의 형제자매를 갖고 싶습니다.

**단어** 独生子 dúshēngzǐ 명 외아들, 독자 | 一直 yìzhí 부 계속, 줄곧 | 羡慕 xiànmù 동 부러워하다 | 互相 hùxiāng 부 서로 | 帮助 bāngzhù 동 돕다 | 无聊 wúliáo 형 무료하다, 심심하다 | 肯定 kěndìng 부 확실히, 틀림없이 | 每次 měi cì 매 번 | 亲亲热热 qīnqīnrèrè 형 친밀하고 다정스럽다 | 样子 yàngzi 명 모양, 모습 | 嫉妒 jídù 질투하다, 시기하다

**27** Nǐ duì xīyān yǒu shénme kànfǎ?
你 对 吸烟 有 什么 看法?

**단어** 对 duì 전 ~에 대해 | 吸烟 xīyān 동 흡연하다 | 什么 shénme 대 무엇, 무슨 | 看法 kànfǎ 명 견해

**해석** 당신은 흡연에 대해 어떻게 생각합니까?

**해설** 흡연과 관련한 문제들은 新HSK 필기시험에도 단골로 출제되고 있다. 건강을 중시하는 현대인들의 사고를 반영하는 문제이므로, 건강을 지키는 생활습관이나 공공장소에서의 도덕, 예절과 연결하여 자신의 생각을 논리적으로 정리하여 설명한다.

**모범답안** 🎧263

我反对 / 吸烟。虽然有些人说 / 吸烟可以 / 帮助他们 / 缓解压力，但我 / 不赞成 / 这样的说法。我觉得 / 这只是 / 借口。吸烟 / 不仅损害 / 自己的健康，也会给 / 周围人的健康 / 带来 / 不好的影响。而且，吸烟 / 也很浪费钱。这种 / 损人不利己的事，我是 / 非常 / 不赞成的。我觉得 / 我们都应该 / 提倡戒烟。

Wǒ fǎnduì / xīyān. Suīrán yǒu xiē rén shuō / xīyān kěyǐ / bāngzhù tāmen / huǎnjiě yālì, dàn wǒ / bú zànchéng / zhèyàng de shuōfǎ. Wǒ juéde / zhè zhǐ shì / jièkǒu. Xīyān / bùjǐn sǔnhài / zìjǐ de jiànkāng, yě huì gěi / zhōuwéirén de jiànkāng / dàilái / bù hǎo de yǐngxiǎng. Érqiě, xīyān / yě hěn làngfèi qián. Zhè zhǒng / sǔnrén bú lìjǐ de shì, wǒ shì / fēicháng / bú zànchéng de. Wǒ juéde / wǒmen dōu yīnggāi / tíchàng jièyān.

저는 흡연을 반대합니다. 비록 어떤 사람들은 흡연을 하면 스트레스를 푸는 데 도움이 된다고 하지만, 저는 이러한 견해에 찬성하지 않습니다. 저는 이것은 핑계일 뿐이라고 생각합니다. 흡연은 자신의 건강을 해칠 뿐 아니라 주위 사람들의 건강에도 나쁜 영향을 줍니다. 게다가 흡연을 하면 돈도 낭비하게 됩니다. 이렇게 다른 사람을 해치고 자신에게도 이롭지 않은 일에 저는 매우 찬성하지 않습니다. 저는 우리가 모두 반드시 금연을 제창해야 한다고 생각합니다.

**단어** 反对 fǎnduì 동 반대하다 | 虽然 suīrán 접 비록 ~하지만, 설령 ~일지라도 | 缓解 huǎnjiě 동 누그러지다, 풀리다 | 压力 yālì 명 스트레스, 압력 | 赞成 zànchéng 동 찬성하다, 동의하다 | 说法 shuōfǎ 명 의견, 견해 | 借口 jièkǒu 명 구실, 핑계 | 不仅 bùjǐn 접 부 ~뿐만 아니라 | 损害 sǔnhài 동 손상시키다, 해치다 | 健康 jiànkāng 명 건강 형 건강하다 | 给~带来…影响 gěi ~ dàilái … yǐngxiǎng ~에게 …한 영향을 초래하다 | 周围 zhōuwéi 명 주위, 주변 | 浪费 làngfèi 동 낭비하다 | 钱 qián 명 돈 | 损人 sǔnrén 동 남에게 손해를 끼치다 | 利己 lìjǐ 동 자신을 이롭게 하다 | 提倡 tíchàng 동 제창하다 | 戒烟 jièyān 동 담배를 끊다, 금연하다